CW01498242

Pubblicato in accordo con MalaTesta Lit. Ag. Milano
Per la traduzione del testo di Orlando Mostyn-Owen si ringrazia Daniela Almansi

© 2022 Neri Pozza Editore, Vicenza
ISBN 978-88-545-2337-1

www.neripozza.it

GAIA SERVADIO

La cucina in valigia

Introduzione di
Camilla Baresani

Con uno scritto di
Orlando Mostyn-Owen

NERI POZZA EDITORE

Per Allegra

Introduzione
di Camilla Baresani

Facile che leggendo questo libro proviate la mia stessa sensazione: il dispiacere di non aver conosciuto e frequentato Gaia Servadio. L'occasione mancata di non aver fatto un viaggio con lei, in Cina o in Medio Oriente, o dove la sua famelica curiosità la attirava; il cruccio di non aver mai ricevuto inviti alle cene nella sua casa di Pimlico, a Londra, dove improvvisava menu bizzarri – miscele dei mondi che aveva attraversato – per offrirli con spontanea generosità a italiani in gita e ad anglosassoni poco avvezzi alla convivialità mediterranea; vi rincrescerete di non averle raccontato qualche vostra pena, magari per sentirla scacciare con un «*que sera sera*», e via subito per una nuova avventura, unico modo di curare le disavventure. E tutto questo dispiacere di non aver visto, frequentato, conosciuto nascerà perché quello che state per leggere non è ovviamente un libro di ricette. Ce n'è già tanti, troppi, e di solito sono noiosissimi. Quello che qui troverete è un menu ben più ampio: include viaggi avventurosi, incontri emozionanti – a volte ambigui e pericolosi –, attacchi di fame e sì, certo, ingredienti di fortuna trasformati in piatti commestibili e addirittura appetitosi. Sono, a ben vedere, ricette esistenziali, modi di aprirsi agli esseri umani, ai paesaggi, alle tradizioni e poi di miscelare tutto, per il divertimento proprio e delle persone che si vanno incontrando. Sono storie di voracità culturale, sociale, umana, capitate a una viaggiatrice stupefatta dalla bellezza di paesaggi e reperti archeologici, incuriosita dagli incontri, desiderosa di creare connessioni in cui il cibo, i mercati, le cucine sono elementi di intermediazione culturale.

Come tutte le personalità polifoniche, Gaia Servadio è stata difficile da inquadrare. Basti pensare alle definizioni che le si possono attribuire: pittrice, giornalista per i più importanti quotidiani sia britannici sia italiani, melomane, saggista, narratrice, *socialite*, documentarista, viaggiatrice, organizzatrice culturale e, infine, persino cuoca. Grazie ai mestieri che si era scelta, inizialmente anche per sfuggire a una certa taccagneria del primo ricchissimo marito, un aristocratico intellettuale che le passava solo poche sterline a settimana, riuscì a intrufolarsi in ogni ambiente, divenendone elemento costitutivo. E così le amicizie con Bernardo Bertolucci, Claudio Abbado, Maurizio Pollini, Alberto Arbasino, Gianni Agnelli, Inge Feltrinelli (una sorta di sorella), e però anche Eric Hobsbawm, Philip Roth (cui fu proprio lei a far incontrare Primo Levi), Mary McCarthy, Francis Bacon, Vita Sackville-West e infinite altre celebrity internazionali del mondo della musica, della filosofia, dell'arte, dell'archeologia, dei salotti in un elenco che lascia storditi, dispiegato nel suo libro autobiografico *Raccogliamo le vele*.

Torniamo però alle origini: com'è che Gaia Servadio è diventata il centro del mondo, perlomeno di quella porzione di mondo che anche noi possiamo sognare di aver visitato e vissuto?

Tanto per cominciare, possiamo dire che ha fatto tutto da sola.

L'inizio è nel 1938, allorché in una famiglia non propriamente ebrea (solo il papà, Luxardo Servadio, lo era, mentre la mamma, Bianca Prinzi, era una gentile), nasce Gaia Cecilia Metella. È secondogenita, la precede Pucci, soprannome di

8

Arria Flaminia Sedula («poveretta!» scrive Gaia in *Un'infan-zia diversa*, il libro in cui racconta come la sua famiglia riuscì fortunosamente a scampare alla deportazione). Il padre era un chimico laureato in fisica, formatosi nel gruppo di Enrico Fermi. Un uomo molto simpatico, giocoso, severo. La famiglia viveva a Padova, faceva le vacanze a Bellaria e Recoaro, era integrata nella borghesia benestante della città. Questo sinché nel 1938 Benito Mussolini annuncia le sciagurate leggi razziali. Scrive Gaia: «Insomma eravamo una famiglia normale. Ma in effetti non lo eravamo affatto. Non sapevamo di non essere normali, di non essere come gli altri, perché la nostra vita sembrava in tutto e per tutto come quella delle altre famiglie». E più avanti: «Improvvisamente mi si chiedeva di capire che ero diversa; io, invece, non lo capivo anche perché non credevo di essere diversa. Ai bambini non piace essere diversi, anzi. Vogliono essere identici a tutti gli altri». Un giorno del settembre 1943 suona alla porta un poliziotto, fidanzato della tata. È trafelato, li spinge a scappare immediatamente perché le ss hanno chiesto l'elenco degli ebrei di Padova, e la famiglia Servadio ne fa parte. La nonna e la bisnonna paterne, che erano venute a trovarli, decidono di tornare a casa, a Torino. «Siamo due vecchie, ci lasceranno in pace» (e invece verranno deportate ad Auschwitz).

I Servadio cambiano identità: le bambine vengono ad-destrate a usare il cognome della madre, Prinzi. Il papà da Luxardo diventa Corrado, la sorella da Arria si fa Anna. Si rifugiano a Osimo, nei locali di servizio del palazzo della mar-chesa Gallo, che li protegge e nasconde. «Eravamo diversi sen-za volerlo essere e non diversi per eccentricità, ma costretti a pensare di essere tali». Arriveranno miracolosamente salvi alla fine della guerra.

Racconta Gaia che il padre, come tanti, andrà a Verona ad aspettare i treni che arrivavano dal Brennero e scaricavano "scheletri viventi". «Quando mio padre incontrò una giovane che aveva conosciuto da ragazza e che era reduce da Auschwitz, lei gli disse: "Te ne parlo perché insisti, ma non devi farmi altre domande, non devi chiedere nulla, non devi cercarmi più. Perché io non ricordo nulla, né voglio rammentare nulla"». E la ragazza gli rivela che sua madre e sua nonna erano state fortunate perché furono mandate alle camere a gas alla prima selezione e morirono poco dopo il loro arrivo.

I Servadio tornano a Padova avendo perso tutto, in una condizione ben diversa da quella precedente: «Tutto mi imbarazzava, specialmente me stessa». Per giunta, venivano compianti i morti, persino i fascisti, ma non quelli come suo padre, che erano stati privati della dignità, del lavoro, del senso di sé. «Mio padre era così umiliato che non chiese mai alcun compenso che pur gli si doveva per quel lavoro che le leggi razziali gli avevano tolto».

Poi la famiglia si trasferirà a Parma, città da cui Gaia, a diciotto anni, fu spedita a Londra per studiare arte figurativa. E lì, da sola, con la sua voglia di non sentirsi più diversa, perlomeno non in senso deteriore, arriverà a diventare l'italiana più famosa d'Inghilterra dopo aver sposato due aristocratici, aver tradito ed essere stata tradita, aver avuto tre figli dal primo marito, scritto una quarantina di libri, collaborato con giornali prestigiosi ed essere diventata Commendatore al Merito della Repubblica Italiana (onorificenza cui teneva moltissimo).

Torniamo ora alle pagine che state per leggere e che, condite d'ironia, raccontano viaggi ed esperienze culinarie a partire dagli esordi nella vita londinese. Ancora studente, le capiterà di cucinare in case private per mettere da parte qualche soldino, salvo poi, in breve, grazie al matrimonio con William Mostyn-Owen, approdare ai pranzi a palazzo. Quelli tenuti dalla neocognata, *lady-in-waiting* «schiavizzata dalla famiglia reale», con maiale lesso contornato da spaghetti, e quelli della suocera, con salmoni pescati nel fiume del castello di famiglia e poi bolliti così a lungo da farli diventare color merluzzo. Fa pensare alle raccapriccianti descrizioni di Natalia Ginzburg, a proposito dei piatti serviti in ristoranti e tavole calde londinesi nei primi anni Sessanta.

E poi subito via, con prosa scattante si passa a uno dei tanti viaggi nella Siria «mecca dell'archeologia». Gaia cucina, procaccia ingredienti di fortuna, inventa o ricrea ricette, il tutto tra scavi, storia delle religioni, dittature, progetti che non si realizzano, notazioni brillanti e curiosità impellenti.

Si mangia o si cucina a Venezia, a Istanbul, in Russia (anzi, Unione Sovietica), ma anche a Londra, dove per *Harpers & Queen* Gaia deve visitare quattro o cinque ristoranti al mese, e non alla scoperta di localini sconosciuti, bensì di *places to be*, luoghi patinati come la rivista che l'ha ingaggiata. E poi in Sicilia: Favignana, Marettimo, Palermo dove scrive per *L'Ora*, mentre il *Telegraph* la spedisce a Linosa per intervistare boss mafiosi al confino (e il capitolo che racconta quest'avventura è uno dei più gustosi del libro). L'amore per Stromboli, isola selvatica e ruvida, poco turistica, dove aveva comprato una casetta, e con la sua ricorrente nota ironica conclude: «Poi, con l'arrivo di Dolce & Gabbana e delle meduse, tutto cambiò». Gaia non aggiunge altro, ma immaginiamo la messa in vendita dell'amata casetta.

Con spirito pratico, ovunque vada cucina, prepara, mette in tavola. La sua capacità di fare amicizie e connettere persone e personaggi è stupefacente. E comunque tutto avviene di fretta, la fame, la cucina, gli incontri, a volte con divertenti sbadatezze, tipo preparare una cena per lo storico dell'arte Ernst Gombrich e sua moglie e dimenticare le prescrizioni alimentari della cucina ebraica, servendo capesante gratinate con besciamella: mischione proibitissimo, con l'augusta coppia che rimane a digiuno. E poi il Sinai, da reporter nella Guerra dei Sei Giorni: Gaia prepara un picnic per soldati israeliani affamatissimi e di nuovo sbaglia, pane, formaggio e carne salata, tutto tagliato con lo stesso coltello. Cibo buttato, soldati a digiuno.

I viaggi in Cina, tra banchetti e discorsi ufficiali, cucina piccante del Sichuan, cucina imperiale di Pechino, cucina delicata di Shanghai. Stupore per i paesaggi quasi primitivi, per le architetture, per i topi morti venduti al mercato di un villaggetto. Nell'ormai lontano 1982 ci sono persino i famigerati pangolini, che noi abbiamo scoperto ai tempi del Covid, vivi nelle gabbiette e pronti a essere scelti, uccisi e cucinati espressi.

E poi via, in Birmania, con viaggi interminabili e anche pericolosi, soprattutto considerando che era una bella donna sola, col sovrappeso dell'*opera omnia* di Freud da leggere nei lunghissimi viaggi su treni e corriere, tra alberghi orrendi, spie, cibi che sanno di «glutammato monosodico vecchio, anzi paleolitico».

Affamata di tutto, con una vita presa a morsi e sorrisi. Ma perché, con tutte le persone che Gaia Servadio ha incontrato, non è capitato di conoscerla anche a noi?

La Fonte Gaia
di Orlando Mostyn-Owen

La nostra stretta casa di Londra aveva tre strati olfattivi. In cima, al quarto piano, aleggiavano gli effluvi dell'infanzia e dell'adolescenza, lattei e muschiati. Il primo piano era impregnato dei profumi del laboratorio di bellezza di mia madre – creme per il viso, talco, Shalimar di Guerlain – accompagnati dalle note più discrete e legnose del guardaroba di mio padre: camicie stirate, Habit Rouge, lucido da scarpe. Infine, dal seminterrato salivano, due o anche tre volte al giorno, folate aromatiche di soffritti il cui richiamo anticipava quelli vocali di nostra madre.

Il fracasso delle pentole (in cucina mia madre aveva l'entusiasmo di un tornado) e le increspature dei requiem e delle arie che ascoltava a tutto volume mentre cucinava convincevano finalmente i suoi figli – Owen, Allegra e io – a scendere, facendo rimbombare le scale tra nubi di fumo e prodi di Amonasro. Il nostro ritardo veniva accolto con una lieve costernazione, presto soppiantata da un esuberante piacere nel vederci mangiare. Era il piacere di una persona che aveva conosciuto la fame.

Noi tre bambini non eravamo l'unica fauna a scorrazzare in quella cucina del seminterrato. Per quanto piccola e buia (niente a che fare con gli ampi spazi delle principesche cucine moderne), era una cucina famosa. Avevamo anche una sala da pranzo più formale (in stile neoclassico alla John Soane), ma ci eravamo meno affezionati e rimaneva relegata alla periferia delle nostre esistenze. Ben prima che le cucine open space diventassero la norma, e nonostante la consuetudine di collocare le stanze utilitarie nelle parti più buie e basse della casa, la vita si aggregava intorno al calore di quella cucina come intorno alle bocche vulcaniche dei fondali oceanici.

La nostra tavola accoglieva un caleidoscopio di umanità. La lista degli ospiti sembrava tratta da un'aria di Rossini: romanzieri, film-maker, solisti, tenori e direttori d'orchestra; ministri e diplomatici, storici, pittori, galleristi, critici, scenografi e impresari; registi e produttori, saggisti, satiristi, musicologi, antropologi, linguisti, giornalisti, disertori, dissidenti e spie; filologi, archeologi, esperti e venditori di antiquariato, storici dell'arte e sociologi; poeti, fumettisti, compositori, caricaturisti, editori e attori; aristocratici, bastian contrari, drammaturghi del teatro realista *kitchen sink*, filosofi e iconoclasti. A volte spuntava anche qualche cardinale. I mondi della finanza e della moda erano sottorappresentati, ma figuravano anche loro. Rarissimi gli esponenti della Nouvelle Vague e i sessantottini. Un giorno avevamo a pranzo Ernst Gombrich, quello dopo Franca Valeri. Al piano di sopra potevi imbatterti in Neruda che dormiva nella camera della ragazza alla pari o in Patrice Chéreau che si riprendeva dai postumi di una sbornia. Le serate più affollate davano occasione a incontri memorabili come quello tra Rushdie e Calvino o l'aspro battibecco tra Pinter e l'ambasciatore britannico in Italia.

Gli ospiti venivano a frotte perché quella di Gaia era una meravigliosa formula di ostentata domesticità: c'era sempre gente interessante, un sacco da bere e da mangiare, e non si facevano complimenti «col ditino alzato», come diceva lei. Non esitava a mischiare le persone "importanti" con la famiglia e non aveva mai paura di essere giudicata – o di giudicare. Teresina, la tartaruga, zampettava ai nostri piedi sulle gambette rattrappite da una vita trascorsa sul linoleum, masticando foglie di lattuga e punteggiando il suo passaggio di cacche lattiginose. La sua goffa e costante presenza incarnava la divinità protettrice di casa e, nella sua persistenza e resilienza, anche un certo lato di nostra madre. Teresina era stata salvata su una strada in Sardegna e riportata a Londra in una borsa Gucci di cui aveva, durante il viaggio, divorato la fodera.

Il campanello squillava con la persistenza di un codice Morse e io mi arrabattavo ad aprire la porta agli invitati che si riversavano in casa come le scope dell'*Apprendista stregone*. Una sera abbiamo avuto a cena buona parte della London Symphony Orchestra. Ambigui e silenziosi, i profili delle enormi custodie ammassate in salotto delineavano un cimitero monumentale in miniatura dove echeggiavano le risate provenienti dal piano di sotto.

I suoni e gli odori di quella tipica casa londinese erano trionfalmente italiani, eppure vi aleggiava un'atmosfera *bohémienne* che refutava la convenzionalità dell'Italia. In una società classista come quella britannica, mia madre aveva trovato un modo tutto suo di trascendere le differenze di classe. Perfino la casa, situata a Bloomfield Terrace, era nota come "Bloomfieldia": la parodia di una repubblica.

Gaia mi raccontava, ancora incredula dopo mezzo secolo, che nella Londra di fine anni Cinquanta non c'erano arance. Una nebbia da tagliare col coltello e niente arance. L'immagine è più grigia di un paesaggio di L.S. Lowry, grigia come una fotografia d'epoca. E il rosso sontuoso degli autobus, delle cabine telefoniche, delle giacche da equitazione e delle uniformi delle guardie reali, mi diceva, era un modo per controbilanciare tutto quel grigiore. Per i londinesi sfiniti dalle bombe, Gaia stessa era una sorta di arancia, luminosa e solare – indubbiamente un'importazione. Ma era tutto un gioco di specchi: quella di Gaia non era l'Italia dei gondolieri e delle riviere, ma un paese paralizzato dal cattolicesimo e lacerato dalle lotte politiche. Sotto la patina bon ton della vita provinciale di Parma sobbollivano la miseria e le faide, retaggio della guerra. Gaia, come suo padre, era innamorata dell'Inghilterra. Ai suoi occhi, la determinazione di Churchill rappresentava non solo la salvezza della sua famiglia per metà ebrea ma un metro di paragone rispetto alla cacofonia che si era lasciata dietro in Italia. Anche Gaia aspirava a quella sicurezza di sé che è propria dei legittimi vincitori.

Oggi è difficile raffigurarsi la Londra incontrata da Gaia. Il film di Alberto Sordi *Fumo di Londra*, girato in parte a Bloomfieldia (mio padre vi compare nel ruolo di un aristocratico sessualmente ambiguo: il suo italiano era talmente buono che Sordi fu costretto a farlo doppiare con un caricaturale accento inglese), contiene tutti gli stuzzicanti cliché associati alla Londra degli anni Sessanta: sotto il guscio tradizionale, un esuberante fervore di promesse sessuali e sociali a portata di mano. Le tradizioni superstiti non erano più ferree: la guerra le aveva tramutate in una lega più temperata, in una pittoresca struttura da parco giochi dove veniva inscenata una pantomima di innocente erotismo, feticismo, illusione e metamorfosi.

Anche le abitudini alimentari si stavano trasformando. La Londra dei tardi anni Cinquanta aveva ben poco da offrire in fatto di gastronomia. Per procurarsi aglio, olio d'oliva e pasta, Gaia doveva avventurarsi fino agli alimentari italiani di Clerkenwell e Soho. Poi c'erano le spedizioni in macchina fino a Battersea, nei bassifondi di Londra, alla ricerca del piacere sofisticato di un gelato alla siciliana o di una cassata. Per le cipolle, Gaia aveva il suo spacciatore personale: un bretone di nome Jean che attraversava la Manica una volta al mese per vendere reste di cipolle ai cosmopoliti e ai ristoratori di Belgravia e Pimlico. Jean sfoggiava un *béret*, le guance permanentemente rubizze di un bevitore di vino e un dente solitario che spuntava in mezzo alla bocca sorridente come uno scoglio sulle Côtes-d'Armor; e proprio come uno scoglio, Jean se ne rimaneva piantato nella nostra cucina finché Gaia non si decideva a sbatterlo fuori.

Il pesce fresco era visto quasi con sospetto dai sudditi della Corona, come qualcosa di eccessivamente sofisticato, roba per francesi insomma. Come il Portogallo e tutte le nazioni marinare, la Gran Bretagna preferiva conserve che tenessero il mare. Le classi operaie mangiavano anguille in gelatina e molluschi bolliti comprati per strada. Di tanto in tanto Gaia non disdegnava una di quelle anguille, il cui sapore pungente e popolare evocava il pallido ricordo dei frutti di mare dei venditori ambulanti veneti della sua infanzia. C'erano alcune eccezioni: il salmone era riservato alle classi agiate e veniva sempre cotto fino a trasformarlo in una massa secca e friabile, odorante di colla di pesce. Le sogliole e le ostriche si gustavano da Wilton's e Wheeler's a Soho, di cui si parla in questo libro. Gaia ci bazzicava con la banda del giornale satirico *Private Eye* e vi si imbatteva in Francis Bacon e Lucian Freud. A Soho si andava anche a comprare il pesce fresco, guidando lungo strade tappezzate di scrostati palinsesti di poster osé. L'atmosfera vi era percettibilmente più malfamata che nel nostro quartiere. In mezzo alle prostitute sorgeva il bancone del pesce di Richards, un Nettuno nell'Ade, con il proprio assortimento di carne. Richards faceva sempre grandi feste a Gaia, sapendo che gli avrebbe svuotato metà del bancone. A me regalava l'ultimo ritaglio di salmone affumicato, la parte più vicina alla pelle dove la carne è tenera come burro. Raschiare con i denti quella carne aromatica era il mio momento di vizio a Soho.

Le cose non andavano meglio sul fronte dei ristoranti. I londinesi mangiavano a casa e solo le classi superiori cenavano dopo le sette di sera, raccogliendo i pisellini sul dorso della forchetta; per il resto della popolazione il pasto serale era l'*high tea* delle sei e mezza, accompagnato con toast e fagioli in scatola. Si usciva non per mangiare, ma per bere. I pub erano riservati agli uomini, e fino ai tardi anni Ottanta l'accesso era spesso vietato ai bambini. A ogni modo i pub non avevano molto da offrire in fatto di cibo, a parte ciccioli di maiale e uova alla scozzese.

Fino alla diffusione dei caffè più *bohémiens* nei tardi anni Sessanta, la *café culture* era pressoché inesistente, se non contiamo lo sfarzo di importazione francese del Café Royal. Ma nelle case private dell'*upper middle class* si stava facendo strada un nuovo approccio al cibo: il cosiddetto *dinner party*. Gaia assistette e partecipò a questo cambiamento, dalle prime visite a Ivy Compton-Burnett e T.S. Eliot in stanze tappezzate dove si consumavano tè e biscotti, al massimo un bicchierino di porto, alle case che disponevano di nuove cucine a gas e di ingredienti freschi. È stata ospite di Elizabeth David nella sua pionieristica cucina di Chelsea, e con il tempo la sua cerchia di amici si è estesa a un numero crescente di contemporanei che stavano immettendo nuovi sapori nella cucina inglese: Arabella Boxer, Jossy Dimbleby e Claudia Roden, per menzionarne solo tre. Non si trattava ancora di migliorare la dieta delle classi operaie, come gli chef inglesi avrebbero tentato di fare in seguito, ma di un'espressione di urbanità da parte di una *middle class* che non ambiva più a emulare i costumi dell'aristocrazia. Era un fronte comune contro il gamberetto in salsa rosa.

A misura che Gaia si faceva strada nella società sono aumentate le occasioni di constatare con gli occhi e le papille il contrasto tra ciò che restava del fasto continentale e il *brown cooking*, come lo chiamava lei, caldeggiato dall'aristocrazia britannica. "Sul continente" era invitata a banchetti sontuosi come una "Cena" del Veronese dai Rothschild a Ferrières o da Marina Cicogna a Maser. Da Leonor Fini i piatti erano serviti sul corpo di ragazze nude. In Gran Bretagna, solo i ricchi americani potevano permettersi simili lussi culinari: i Getty, gli Heinz e, in misura minore, gli Astor di Cliveden. Tra la nobiltà scozzese si mangiava talmente male che, a una cena a casa di David Stirling, Gaia aiutò suo padre a nascondere il cibo nella tasca della giacca per non dare l'impressione di non aver toccato il piatto. Diventata lei stessa una castellana scozzese, ora poteva essere l'eccezione alla regola. I boschi intorno al castello, straripanti di funghi indisturbati, iniziarono a subire i saccheggi di Gaia e di orde di ospiti arrivati per il festival di Edimburgo. Soprani e drammaturghi, armati di cesti, venivano spediti a raccogliere montagne di porcini. A volte il fungo sbagliato andava a finire nel risotto e per tutta la notte il castello si riempiva dei gemiti degli ospiti intossicati. Lo staff scozzese era basito. Un giorno che Gaia stava preparandosi una tartare con dell'ottimo manzo scozzese, mio fratello ha sentito la cuoca borbottare tra sé e sé: «Solo i senza Dio mangiano carne cruda!» Per mano di Gaia, semenze e bulbi provenienti dall'Italia trovavano la via dell'orto del castello: aglio, topinambur, cavolo e rucola. Della cucina scozzese c'erano tuttavia alcuni piatti che apprezzava: il *kedgeree* condito con il burro e l'aringa affumicata, lo *Scotch broth*, il *cullen skink*, l'*haggis* con farina d'avena.

Al festival operistico di Glyndebourne i picnic di Gaia non avevano niente a che vedere con quelli dei suoi vicini: al posto di argenteria, tovaglie bianche e sandwich al cetriolo, stendeva sull'erba una stoffa del Rajasthan o una coperta di tartan che imbandiva con *meze* e *tapas* – leccornie di cui, all'epoca, nessuno in Gran Bretagna aveva mai sentito parlare. Per non parlare di *come* arrivava al festival, sferragliando in una sgangherata FIAT Panda talmente coperta di muschio da guadagnarsi il soprannome di "Giardini pensili di Pimlico". Nel parcheggio di Glyndebourne, quella macchina faceva la figura di un ciuco perso in una mandria di purosangue.

È a bordo della stessa macchina cigolante che Gaia veniva a trovarmi al pensionato di Eton nel bel mezzo della settimana, in barba ai regolamenti scolastici. La mia assenza tirava sul cordone ombelicale e la portava, da brava mamma italiana, ad accorrere in mio soccorso per salvarmi dai fetidi orrori della mensa scolastica a suon di Tupperware pieni di pasta che poi spartivo con i miei compagni di corridoio. Le incursioni di Gaia, cornucopia di diavolerie gastronomiche continentali, facevano inorridire la nostra sorvegliante, la quale mostrava una netta preferenza per il gin.

Negli anni Settanta, sotto gli auspici di Willie Landels, mia madre curava la rubrica gastronomica della rivista *Harpers & Queen*. Gli ottimi piatti francesi che Michel Roux stava importando a Londra riscuotevano l'entusiasmo di Gaia, felice della sua dose mensile di *fruits de mer* al ristorante Le Suquet. È in quel periodo che ha preso l'abitudine di visitare ogni nuovo ristorante con un amico illustre. A prescindere dalla qualità del cibo, l'articolo era arricchito dalle loro animate conversazioni. Cibo, parole e musica andavano sempre insieme, trascinati dalla forza dinamica di quest'ultima: «Prima la musica, poi le parole» diceva Gaia citando Salieri. È così che Gaia si è ritrovata a degustare una *tarte tatin* a Parigi insieme a Maurice Pons, a scoprire il *peach butter* del Connecticut in compagnia di Philip Roth, ad assaggiare gli *scones* ai mirtilli di Mary McCarthy e a deridere la *nouvelle cuisine* dell'Union Square Cafe sotto lo sguardo sconcertato e un po' ansioso di Roger Straus. Si chiacchierava a ruota libera, specialmente quando il commensale condivideva il suo *penchant* epicureo, come nel caso di Claude Fischler o Paolo Fabbri. Per lei il cibo era l'espressione più veritiera di una cultura, il legante delle amicizie. Attraverso il cibo era come se Gaia cercasse di impregnarsi dello spirito di qualcosa: un'entità promiscua, contagiosa, cangiante. Poco si fidava di coloro che, dietro ai paraocchi di un'austerità intellettuale quasi puritana, rimanevano impervi ai piaceri sensuali della gastronomia. Ma era altrettanto insofferente verso ogni forma di purismo e sentimentalismo. Ricordava con immenso piacere uno scherzo orchestrato da Gianni Agnelli alle spese di Mario Soldati, che nei tardi anni

Cinquanta girava per la RAI la trasmissione *Viaggio nella valle del Po, alla ricerca dei cibi genuini*: dopo aver chiesto a Soldati in quale verace taverna intendesse girare il prossimo episodio, l'Avvocato vi aveva inviato, all'insaputa di quest'ultimo, uno chef stellato a preparare la cena. Agnelli fu l'unico tra i milioni di telespettatori a ridere di gusto ascoltando Soldati rendere un ditirambico omaggio alla buona vecchia cucina casalinga.

Nei taroccatissimi ristoranti "italiani" di Londra, camerieri portoghesi si chinavano su piatti di *spaghetti Bolognese* armati di mastodontici macinapepe. Ma in parallelo stava comparendo anche un nuovo tipo di ristorante italiano. La strada era stata aperta da Enzo Apicella, soprannominato da Gaia il "Lenin della rivoluzione gastronomica londinese". Giornalista e illustratore di talento, arrivato da Napoli nel 1953, Apicella ha sbolognato i fiaschi di plastica e le vedute del Vesuvio per creare un design che ha perdurato fino ai nostri giorni: pareti bianche ornate da fotografie e pitture murali di Eduardo Paolozzi. Nel bene o nel male, è stato Apicella a lanciare Pizza Express. Il design Olivetti era arrivato a Londra, portando con sé un'idea completamente nuova del look "italiano".

Il fiore all'occhiello di Apicella era il ristorante La Meridiana a South Kensington, che per un periodo è diventato la seconda casa di Gaia. È in quel ritrovo di italiani progressisti (e capelloni) che mia madre ha progettato, insieme a Claudio Abbado e alla London Symphony Orchestra, il festival Mahler, Vienna and the Twentieth-Century per un Barbican Centre ancora in cantiere.

Il modello Apicella ha influenzato buona parte dei successivi sviluppi dell'epoca Blair: Terence Conran e le sue audaci *brasseries*, Antonio Carluccio e la sua catena di ristoranti. Gaia li apprezzava e ammirava entrambi. All'inaugurazione della sua *brasserie* parigina (che era un po' come portare acqua al mare), Conran ci raccontò di come in gioventù avesse lavorato come lavapiatti per Jean Subrenat al ristorante parigino La Méditerranée, mentre Balthus e Bébé Bérard cenavano al piano di sopra. Per quanto stimasse anche Richard Rogers, Gaia era convinta che il grande catalizzatore fosse Conran: lo vedeva come un William Morris del suo tempo, un designer/imprenditore che aveva radicalmente trasformato lo stile di vita cittadino e avviato Londra sulla strada della modernità.

Come tutti i riformatori della prima ora, Gaia deplorava le numerose conseguenze di quella che chiamava la *rucola revolution*. Diffidente della *vox populi* in qualsiasi forma, non guardava di buon occhio la deriva "cool" della nuova élite britannica. Gli strascichi della rivoluzione gastronomica avevano prodotto dei farisei che approvavano solo i prodotti di eccellenza più esclusivi: non solo le lenticchie dovevano provenire da Norcia ma dovevano anche essere biologiche, biodinamiche e raccolte a mano dall'ultimo rampollo della prima famiglia umbra ad averle importate, nel rispetto delle norme del commercio equo e così via. L'ossessione per l'approvvigionamento *nec plus ultra* del River Café e altri nuovi templi della gastronomia (associati ai pezzi grossi del New Labour) rappresentava per Gaia una nuova forma di snobismo in cui non si riconosceva: uno snobismo al servizio di un nuovo potere che giustificava prezzi esorbitanti e un perfezionismo ai limiti della nevrosi (facendo rivoltare nella tomba il suo idolo Artusi), un'unione forzata tra due nozioni incompatibili: l'"esclusività" e la semplice, intuitiva bellezza della cucina italiana. Quel mondo non era più il suo.

Il suo orrore per queste forme di snobismo culinario l'ha attirata, prima di molti altri, verso quello che sarebbe poi stato pubblicizzato come *street food*. A suon di lusinghe o minacce, mio padre veniva trascinato per i mercati delle città che visitavano: per mia madre erano importanti quanto i musei. Come capire Venezia senza il mercato del pesce a Rialto o Palermo senza i richiami nasali di Ballarò? Vedere i colori e sentire gli odori di Campo de' Fiori, tutto quel fervore vitale ancorato al centro dal *memento mori* di Giordano Bruno ("qui, dove il rogo arse") significava capire qualcosa di fondamentale, e non solo su Roma.

In Cina, dove era stata invitata nei primi anni Ottanta per scrivere sulla cucina locale, tartassava le povere guide/guardie finché non acconsentivano a lasciarla abbandonare i banchetti ufficiali per andare a perdersi nei vicoletti affollati. È stato in Cina che ha capito quanto cibo e politica fossero legati. Di ritorno a Londra, abbiamo iniziato a ricevere alcuni diplomatici dell'ambasciata cinese che ci portavano specialità locali, apprezzavano i suoi spaghetti e praticavano l'italiano con noi. Dopo Tienanmen sono svaniti tutti.

Per certi aspetti, la varietà e l'immediatezza dei sapori della cucina cinese le ricordavano quella italiana, e le visite a Chinatown entrarono a far parte dei rituali di famiglia. È stata un'apprezzatrice precoce del *dim sum*, all'epoca pressoché ignoto ai non-cinesi. I ristoranti che lo servivano intorno a Leicester Square erano bettole sudicie e chiassose dove i camerieri spingevano carrelli carichi di pietanze di ogni tipo, interpellando a gran voce i clienti in cantonese.

Non sempre i nostri esperimenti gastronomici erano coronati dal successo. A Tallinn, durante uno dei nostri ultimi viaggi insieme, Gaia era stata avvicinata da un ometto russo che aveva estratto un grosso barattolo di caviale dalla tasca del mantello lurido. Incurante dei nostri avvertimenti e soprattutto felice dell'occasione di conversare in russo, aveva comprato il barattolo per una somma inverosimilmente bassa. Nonostante le nostre remore, sulla via di casa il suo ottimismo ci aveva contagiati: forse eravamo davvero riusciti a comprare un chilo di caviale per due soldi! Abbiamo fatto capannello intorno al barattolo, il quale, laboriosamente aperto, ci ha investiti con una fetida folata di vecchio cibo per cani. Ma Gaia era fatta così: in fin dei conti ci eravamo divertiti, il gioco era valso la candela. Sarei pronto a scommettere che era quasi sicura fin dall'inizio che quello non fosse caviale.

I momenti dedicati al cibo rappresentavano anche delle pause in un'esistenza vissuta al galoppo. La solenne riverenza con cui attendeva che la caffettiera napoletana completasse il suo canto era un interludio mistico: «Arriva il caffè!» Poi via di corsa a preparare il pranzo per un gruppo di giornalisti affamati, a scrivere un articolo battendolo a macchina sulla vecchia Olivetti (i cui martelletti metallici finivano sempre per ingarbugliarsi, richiedendo l'assistenza delle mie dita di bambino) o dettandolo per telefono alla *Stampa* («Domodossola-Imola-Ancona-Napoli-Ancona»). Poi le inaugurazioni, i concerti, le cene. Gaia affermava con orgoglio di essere l'unica donna al mondo a essere pronta per uscire la sera prima del marito, nonostante il rossetto sbrodolato e i collant smagliati. «*À la guerre comme à la guerre*» diceva. E in un certo senso si trattava proprio di questo: di una guerra.

Le scarpe con fibbia, gli abiti vittoriani, gli scialli orientali e i grandi cappelli Biba le davano l'aspetto di un Oscar Wilde travestito da Don Giovanni. Era indubbiamente mascolina nella sua bellezza. La posizione di outsider e uno stile personale volutamente eclettico (dal *cross-dressing* alle mise più stravaganti) ne facevano un magnete per gli anticonformisti. In lei c'era anche qualcosa di Cyrano de Bergerac: il fascino del suo largo volto sconcertava quanto il naso dello spadaccino guascone ed era armata, anziché di una spada, di un sorriso leonino che poteva sedurre o paralizzare. Le amicizie e le inimicizie erano immediate, senza vie di mezzo.

La spavalderia si accompagnava di una pernacchia ai filistei di ogni risma. La sua voce calda, più acuta in gioventù, era lievemente arrochita dalle sigarette ed esprimeva un senso di urgenza: straripava o di entusiasmo o di impazienza. Parlava con cadenze enfatiche che si alternavano a sottovoce complici e sfottenti. Polemiche o cospiratorie, le sue conversazioni prendevano la tangente e si allontanavano invariabilmente dal punto di partenza. In famiglia scherzavamo sul fatto che non finiva mai una frase, pronta com'era a saltare di palo in frasca non appena una nuova idea catturava la sua attenzione.

Gaia agiva d'istinto, alla perenne ricerca del piacere di creare e in altrettanto perenne fuga dalla noia. La noia era per lei una cosa intollerabile, e pur di evitarla era pronta a dar prova della più spettacolare scortesia e perentorietà. Nel bel mezzo di un'aria o di un monologo scadente era capace di lasciare la sala di un teatro sbattendo rumorosamente la poltroncina pieghevole o di chiudere la bocca a un commensale particolarmente noioso come si chiuderebbe un rubinetto, senza esitazioni o spiegazioni. In onore di questa sua terribilità mio padre l'aveva soprannominata "Kālī", creatrice e distruttrice. E proprio come quella famelica dea, il tornado di energia che era mia madre si poteva riassumere in una singola parola: "appetito".

Cara Gaia, cara mamma. Mi hai portato ovunque e ora ti rendo il favore. Guarda con i miei occhi, assaggia con la mia bocca. Ora tocca alla cuoca venire in valigia con me.

La cucina in valigia

E per la casa i convitati ascoltano attenti l'aedo,
seduti ordinatamente, e accanto i tavoli abbondano
di pane e di carne, e dal cratere il vino attingendo
il coppiere intorno lo porta e nelle coppe lo versa.
Questa a me sembra nel cuore la cosa più bella.

OMERO, *Odissea*, canto IX, vv. 7-11

Menu in ottantun ricette, mille racconti,
cento incontri, tante parole

Secondo alcuni la vita è un viaggio. Lo è senz'altro nel mio caso, e in valigia mi porto dietro la cucina. Non una necessità, ma una passione che ha accompagnato la mia storia.

Del nutrimento, del cibo, della tavola che dir si voglia, mi piacciono la storia, le leggende, le differenze legate alla geografia e al clima, la cultura, le interpretazioni della gastronomia. Viaggiando per città, paesi, nazioni, lande più o meno esotiche, incontrando persone, ho raccolto racconti e visitato mercati, che per me rappresentano una delle espressioni più gioiose del carattere di un popolo, capaci di spiegarmi le storie della Storia.

Nelle mie varie vesti di giornalista, scrittrice, documentarista, studiosa, accademica (quante conferenze e lezioni ho tenuto anche sulla cucina), ho passato molto tempo nel Vicino e Medio Oriente, e anche nell'Estremo Oriente.

Ho visitato la Cina, arrivando nel cuore del Taklamakan (il deserto "dal quale non esci vivo") e ai bordi del deserto del Gobi; sono stata in Russia e in Siberia, conosco bene l'Africa del Nord.

Non ho mai amato l'America latina. Ho visitato il Cile, il Perù, l'America centrale, ma quella cucina esprime la cultura di Paesi a me ostici, dunque mi sono ostiche entrambe, sia la cultura sia la cucina. Ho viaggiato anche nei libri, nella fantasia, cercando nella gastronomia ispirazione ed eleganza. E ho messo tutto in valigia.

Mi piace leggere i libri di cucina, alcuni sono veri e propri manuali di cultura. Nelle grandi opere della letteratura mondiale scovo osservazioni culinarie, e da queste capisco le usanze: «E vino lucente versava...» E sempre dall'*Iliade*: «Quando finirono l'opera ed ebbero pronto il banchetto mangiarono, e il cuor non sentiva mancanza di pasto abbondante».

1.

Ricordo il mio stupore quando mio padre – che gettava su di noi, bambine piccole, poi sempre meno piccole e sempre più petulanti, opinioni incontrastabili e a volte, diciamo la verità, alquanto eccentriche – parlò della cucina, come la intendeva lui: cultura, esperienza, chimica.

Quando cominciò a darci dettami e nozioni sul cibo, non sul nutrimento, proprio sul cibo, avrò avuto sì e no tre anni. «La cucina è una forma d'arte» decretò.

Di cibo si parlava poco allora, tanto più che a casa nostra gli ingredienti scarseggiavano. Papà aveva perso il lavoro "per questioni razziali", come si diceva all'epoca, quindi c'erano pochi soldi in cassa.

«È proprio così che nasce la cucina, quando c'è poco bisogna inventare, trasformare, rendere appetibile». E papà attaccava con il suo Dante: «Fatti non foste a viver come bruti, ma per seguir virtute e canoscenza».

C'erano le sanzioni imposte dalla Società delle Nazioni dopo l'attacco all'Eritrea e all'Abissinia: niente caffè, e il cioccolato non sapevo neppure che colore avesse. Non sapevo neanche cosa fossero le sanzioni, mio padre però si lamentava per il caffè fatto con i chicchi d'orzo tostati, una volta la settimana.

Quando papà attaccava con Dante, la mia sorellina – parecchio più alta di me, saputa e tuttologa – alzava gli occhioni verdi al cielo chiedendo aiuto spirituale. Pucci sapeva persino leggere e non aveva che cinque anni. Di terzo nome si chiamava Sedula, "laboriosa" in latino. Poveretta, con un nome così – Arria, Flaminia, Sedula – la prendevano tutti in giro, era finita che la chiamavamo Pucci.

A quale cielo si appellasse Pucci non saprei, né lo sapeva lei. Papà ci raccontava meravigliose storie di divinità che tutto potevano su di noi, persino innamorarsi, come Giove che amava la principessa Europa o Apollo che si prendeva una cotta per Cassandra (e quella sciocca lo rifiutava). La tata abruzzese aveva invece una mania per la Madonna e per sant'Antonio, che secondo lei potevano proteggerci – solo che non ci davano molta retta.

Poi c'erano le liti in cucina. Rientrato dall'ufficio, papà si affacciava sulla soglia: «Non ci saranno i soliti spaghetti al pomodoro?»

Interveniva mia madre, indicando la fantesca: «Non sgridarla, è l'unica cosa che sa cucinare».

«Basta insegnarle».

E lì cominciavano i litigi, papà si metteva a rifare il sugo, la pasta diventava scotta.

«Gli avanzi? Dove sono? Bisogna usare gli avanzi! Insomma, un po' di varietà, di fantasia».

La carne si mangiava raramente, una volta la settimana, il pollo arrosto era una festa.

Forse, prima di iniziare questo viaggio con le mie memorie, i racconti di piatti miei e non miei, e di ricette che mi ricordano un luogo o una persona, sarà meglio aggiungere quella che in linguaggio editoriale si chiama:

Non ho alcuna intenzione di rispettare una cronologia: i viaggi, le persone, le epoche si accavallano, comunque se necessario do delle date, nel senso che certi Paesi e certe situazioni – anzi, tutti – cambiano nel tempo.

E tutto questo ho voluto scriverlo, è in una valigia di ricordi bellissimi e anche di profumi e di gioia.

Non sempre ne esco bene, ma questa è la vita, e forse gli episodi tragicomici dipingono il mio bagaglio umano meglio dei miei trionfi culinari.

Le dosi nelle ricette dipendono dall'occhio, dai gusti, basta dire "sale" che la persona saprà come salare – meglio comunque salare poco, l'opposto può far finire il piatto nella pattumiera; oppure "olio d'oliva": quando si frigge non bisogna usarlo, è uno spreco; altrimenti, per tutto il resto, a me piace quello quasi verde, piccante, prima spremitura, profumato. Non sono del parere che il libro di cucina vada aperto e seguito come un Vangelo; io cerco di capire e di carpire, ed eseguo usando la mia esperienza, tanto più che cucino con quello che ho in dispensa. Non faccio una lista (per esempio, due pizzichi di noce moscata, tre uova, cento grammi di zucchero ecc.), e questo mi porta all'invenzione. A un'invitata che si congratulava per un dessert e mi domandava la ricetta, risposi, pare: «Che ci ho messo dentro? Non ne ho la minima idea».

Risposta che venne pubblicata su un giornale. Il mio primo marito, che era inglese ma parlava l'italiano benissimo, diceva che ero *pressappochista* – e non aveva tutti i torti.

Il mio libro di cucina preferito è *La scienza in cucina e l'arte di mangiar bene*, ovvero l'Artusi.

Pellegrino Artusi, un romagnolo che la sapeva lunga e scriveva benissimo, conosceva e apprezzava gli ingredienti e possedeva quella cultura della quale parlava mio padre – anche lui ammiratore di Messer Pellegrino.

Per tutt'altre ragioni mi piace la *Fisiologia del gusto* di Anthelme Brillat-Savarin, che prende molto sul serio la gioia della gastronomia. Avvocato e magistrato, Brillat-Savarin era nato nel 1755 e aveva trentaquattro anni quando Parigi e la Francia saltarono in aria con la tempesta della Rivoluzione. Viveva a Belley, confinante con il Giura, e fu sindaco di Belley fin quando la Terreur arrivò anche lì e quell'uomo colto, pacifico, direttore della banda municipale, riuscì a fuggire in Svizzera. Finì con lo scappare anche da Losanna e se ne andò a New York; per guadagnarsi da vivere suonava il violino. Ma con il Termidoro Brillat-Savarin tornò in Francia e, dopo la caduta di Napoleone, continuò nel suo cammino scrivendo molti tomi sulla legislazione. L'unico che non firmò è quello che gli diede la fama. E cioè la *Fisiologia del gusto*, un libro pieno di incontri gastronomici e no, di pensieri, di personaggi, di avventure. Un po' come questo.

2.

Mi piace avere delle salse-base fatte da me e di mio gusto, che tengo vicino ai fornelli. Come una vinaigrette molto ricca, una salsa di bergamotto e una sweet'n'sour casalinga. L'aceto me lo faccio in casa.

Aceto regale

In effetti la madre del mio aceto nasce bene, proviene addirittura da Château Lafite: è ormai enorme, la nutro con rimasugli di buon vino rosso e bianco, e, se si secca, aggiungo un po' d'acqua.

Me la regalò l'uomo più bello del mondo, Éric de Rothschild. Allora la madre dell'aceto era piccolina, la misi in una bottiglietta e poi in valigia, Bordeaux-Londra. Dei pasti e dei vini serviti a Château Lafite non farò menzione dato che non sono riproducibili, o perlomeno non ci ho mai provato.

Salsa di bergamotto

Appena trovo un bergamotto, lo compro; è verde, profumatissimo, caro e raro; pare che contenga oli preziosi per la salute. Arrivò in Italia con gli arabi (827 d.C.), che portarono la coltivazione degli agrumi, della canna da zucchero, della melagrana e del pistacchio.

Cresce solo in Calabria ed è importato principalmente dai

francesi per farne profumi e dagli inglesi per aromatizzare il tè Earl Grey, il favorito della regina ma anche il mio. Quello di Twinings è ottimo, e anche la qualità venduta da Waitrose, molto profumata. Bene in bustine, meglio in foglia.

Per la mia salsa, taglio la scorza a pezzetti, copro con zucchero bianco, faccio caramellare, aggiungo il succo del bergamotto (meno importante della scorza), poi trasferisco il tutto dentro vasetti che, chiusi, si conservano bene.

Quando ne ho bisogno, sciolgo la salsa con un po' di succo d'arancia. Ottima con il maiale arrosto e il tacchino.

Agrodolce

Zucchero, salsa di pomodoro, salsa di soia, peperoncino, olio di sesamo o di semi, aglio in abbondanza. Aceto di vino.

Mescolare con una cucchiaiata di farina e cuocere a fuoco lento per una ventina di minuti.

Vinaigrette

La uso per l'insalata ma anche, spalmata, quando metto il pollo ad arrostire o per rifinire la crosta di un fagiano in cottura.

Una cucchiaiata di mostarda di Digione, olio d'oliva, due limoni spremuti, pepe e sale, due cucchiaiate d'aceto, spicchi d'aglio tagliati in due – da levare quando si usa la salsa.

Papà aveva la mania della Repubblica romana – non dell'Impero, della *res publica*. La sua notevole conoscenza dilagava anche sui Bizantini, che allora non andavano di moda; Costantino era stato un birbone (parola che lui usava spesso), ma anche un genio nell'unificare quel mondo che stava cadendo a pezzi. Ammirava la Chiesa cattolica, era affascinato dai riti del soglio pontificio. Amava Roma, la città, la cucina povera delle trattorie, la coda alla vaccinara, molto fritto ma leggero, cervella e tanta verdura, soprattutto carciofi, fritti e alla romana.

Basilare era il soffritto. «Se non sai fare un buon soffritto, non sai cucinare» diceva papà.

Aveva assolutamente ragione.

Il soffritto

Olio d'oliva, fuoco basso. Quando sfrigola, aggiungere una cipolla tagliata fina e, raggiunta la doratura, pezzetti di carota, sedano (che lui chiamava "sellero") e prezzemolo. Fuoco basso. Non deve bruciare, tutto color ambra.

Soffritto al pomodoro

Su un soffritto così puoi aggiungere mezzo chilo di pomodoro per una spaghettata coi fiocchi (e basilico, a crudo), pezzetti di pollo che devono essere rosolati e aiutati da un po' di vino bianco, pancetta, avanzi, fegatini. Tamponare con un coperchio.

«La cucina romana non è semplice perché è povera» diceva papà. «Per fare una buona coratella ci vogliono talento e molto lavoro».

Si andava a Tarquinia in gita e, dopo visite al favoloso museo, le tombe etrusche, le forre, si pranzava in una taverna con i tavolini in piazza e un cameriere eunuco che parlava in falsetto. Ordinavamo piselli freschi con la pancetta, indimenticabili come la città di Tarquinia e le pitture etrusche.

Piselli con la pancetta

Alla peggio, *petits pois* surgelati. Tagliare uno scalogno sottile sottile, farlo colorare nell'olio d'oliva, aggiungere bacon o pancetta tagliata fina e subito dopo i piselli, surgelati o freschi; sale, un cucchiaino di zucchero, qualche foglia di mentuccia romana.

«La cultura viene dall'esperienza. Per esempio, l'uomo ha capito quali funghi non possono essere mangiati. Anche gli uccelli mangiano solo quelli commestibili – persino i vermi scelgono i porcini scartando le amanite velenose». Così spiegava papà.

Ciononostante, a Chamonix aveva raccolto nel bosco degli pseudo-porcini che aveva imposto alla cucina della pensione in cui eravamo scesi, uno chalet costruito all'ombra del monte Bianco. La cuoca, sbraitando in savoiardo, diceva che i funghi li conosceva meglio di lui, che veniva dalla pianura. A tale insulto Monsieur Luxardo (mio padre) rispose che i boschi degli Appennini erano ricchi di funghi vari e meravigliosi. Lei rispondeva che i funghi delle Alpi erano i migliori del mondo e lei non avrebbe né cucinato né mangiato quelli proposti dall'uomo della pianura.

Alla fin fine, dopo la lite in savoiardo, li cucinò papà. Con il risultato che le sue figlie passarono due notti piegate sul catino a vomitare l'anima.

Papà si chiamava Luxardo perché suo padre Cavour era così innamorato della figliolanza che li chiamò tutti con il prefisso *lux*, "luce": «La luce della mia vita: Lucia, Luciano, Lucio, Luxardo e Luchino». I figli per lui erano davvero la luce. Avrebbe dovuto nascerne un sesto, Lucifero, che dopotutto vuol dire "portatore di luce" e che per la religione ebraica non ha nulla di diavolesco, ma per sua fortuna Lucifero non venne al mondo.

A onor del vero però, quando ci azzeccava, papà faceva i funghi con le uova strapazzate che erano una poesia.

Funghi con uova strapazzate
Mai cuocere troppo l'uovo, quattro minuti bastano, deve restare un po' mouillé. Prima, comunque, cuocere i funghetti con un mezz'aglio e molto prezzemolo tagliato fino. Levare l'aglio dopo cinque minuti, quindi aggiungere le uova già sbattute con un pizzico di sale e uno di zucchero.

Il tempo di cottura era importante – lì bisognava usare il talento del chimico e l'esperienza, decretava il Signor Dottore.

Duecento grammi di *chanterelles* (galletti) ben lavate, una manciata di prezzemolo tagliato fino o, se si trovano, foglie di aglio selvatico tagliate fine. Saltare i funghi con burro arricchito dalle foglie d'aglio e dal prezzemolo, dopo quattro minuti aggiungere quattro uova ben sbattute.

Omelette di funghi

Per fare un'omelette, aggiungere alle uova una cucchiaiata di farina e mescolare bene il tutto a fuoco medio. Aggiungendo qualche pisello fresco, diventerà un piatto da re.

Funghi al funghetto

Un classico: olio d'oliva, spicchi d'aglio tritati, quando diventano ambrati aggiungere i funghi ben puliti, prima i gambi, poi le cappelle, sale, pepe e molto prezzemolo tritato. Non stracuocere, anzi, meglio poco che troppo.

Ogni estate mia madre, occhi color pervinca e capelli neri (secondo il futuro senatore Giorgio Amendola, la ragazza più bella di Roma), ci mandava in Francia o in Svizzera per un mesetto: dovevamo imparare il francese. Ma anche per evitare il caldo della Pianura padana e passare qualche settimana in montagna, tanto più che la mia sorellina era malata di tubercolosi. Dopo le privazioni della guerra, non c'era da stupirsi. La montagna le faceva bene. Anche a me.

Il francese io non l'avevo mai studiato, ma quando ero minuscola veniva a casa una Mademoiselle per parlarci in francese facendo delle passeggiatine nei giardini pubblici.

Mia madre era francofila. Con l'entrata in guerra dell'Italia a fianco della Germania, contro Francia e Inghilterra, la Mademoiselle venne cacciata da Padova e dall'Italia, in quanto spia. Chissà che segreti di Stato avrà carpito, alle bimbette Servadio.

Pucci, che ai tempi di Chamonix aveva quattordici anni, il francese lo sapeva. Non so come, ma lo sapeva, Pucci sapeva tutto.

L'inglese era la lingua prediletta da parte paterna. Papà asseriva di averlo imparato dall'edizione della Oxford University Press della *Divina Commedia* – testo italiano da una parte, traduzione inglese dall'altra. Mia madre, sussurrando forte per farsi sentire, diceva che lo aveva invece appreso da una signorina inglese di facili costumi, tanto più che in Inghilterra fino ad allora papà non c'era mai stato.

La mamma sì, ci aveva passato un anno ed era vissuta in una piazzetta vicino al Brompton Oratory. Insegnava italiano e si era fatta molti amici. Era bella come il sole.

3.

Durante la guerra si faceva la fame, papà era nascosto e noi fingevamo di non esistere, chiuse in due stanzette. Nelle sue rare visite, papà sbucava dalla campagna, in bicicletta, portando a volte qualche uovo: una festa. Eravamo sfollati a Osimo e prima del coprifuoco si andava sotto le mura, già campagna, a cercare la vitalba, detta anche "erba dei pezzenti". Facilissima da trovare, la vitalba è una clematide, infestante, piuttosto bella, ti fa fuori una boscaglia in men che non si dica. Ma allora per noi era cibo. Raccoglievamo i germogli, ne facevamo una saccocciata e, via, a casa. Quella sera si mangiava.

Vitalba con le uova
Bollire la vitalba per un paio di minuti, gettare via l'acqua. Un paio di cucchiaiate di olio in un tegamino, erba cipollina, sale. Friggerci due uova, o strapazzarle.

Minestra di vitalba
Con la vitalba si può preparare anche una minestra squisita, attenzione però a non esagerare perché la vitalba può essere nociva (ma anche benefica, in quantità limitate).
Una cipolla rosolata in olio, una mezza zuppiera di germogli di vitalba (si riduce, come gli spinaci), due manciate di

riso, portare a cottura con del brodo, mescolando. Condire con sale e pepe.

Vitalba con i fagioli
Se invece del riso si usano i fagioli, devono essere già cotti. Vanno tenuti in acqua per dodici ore prima della lenta e lunga cottura. Con i fagioli, una cipolla, foglie d'alloro e timo.

Si raccoglievano anche la cicorietta selvatica – un classico della gastronomia povera, un po' troppo amara per i bambini (adesso invece mi piace moltissimo) –, la mentuccia romana e il timo. Avevo imparato anche a raccogliere la camomilla, a seccarla e conservarla per la tisana serale. A volte era difficile addormentarsi con il fragore delle cannonate, e soprattutto con la paura. Ma era difficile anche avere un fornello acceso, e l'elettricità ce l'avevamo due ore al giorno. A volte non c'era per niente e la sera, con il coprifuoco, nemmeno le candele potevano illuminare la stanza.

Cicoria al salto
Pulire bene la cicoria selvatica, darle una sbollentata (due minuti se è ancora in germoglio), olio, aglio abbondante tagliato in due, sale, peperoncino – tutto in padella per dieci minuti.
Se si vuol farne un piatto speciale, è squisita con l'aggiunta di tre o quattro acciughe o di pasta di acciughe.
Le radici della cicoria sono indicate contro i calcoli renali.

Mangiare era un problema, non solo durante la guerra.
Se non arrivava papà, poi, non avevamo niente. Né andavamo a caccia di erbette, perché i campi erano pieni di mine.
Con la mamma, prima dell'alba andavamo a prendere l'acqua alla fonte sotto le mura. Era una lunga camminata (ai piccoli il camminare sembra sempre lungo, noioso e stancante)

e bisognava far svelti perché, con la luce, il cielo si riempiva di fumo e strepiti. Di giorno la guerra si riaccendeva, come nei tempi antichi. Osimo era stata costruita su una ripida collina, cinta dalle mura romane e poi medievali; verso la fine della guerra, l'Ottava armata era da una parte, i tedeschi dall'altra e noi in mezzo.

La salita, per me che non avevo ancora sei anni, era davvero faticosa. Portavo la brocca più piccola, ma era comunque pesante, piena d'acqua. Star dietro alla mamma e a Pucci, che aveva le gambe più lunghe ed era più svelta di me, non era facile. Senza parlare delle scarpe – le mie facevano acqua e quelle di Pucci erano quasi inesistenti.

Chissà dov'era, papà. Chissà dov'era andato, dov'era finito, non mi domandavo neanche se fosse morto, non era una possibilità che quel mio papà tanto simpatico, che giocava con noi e ci leggeva le storie, se ne fosse andato.

E difatti riapparve, molti giorni dopo.

Riapparve con un sacco di polvere di piselli secchi, che con l'aggiunta di acqua diventava una broda cattivissima, piatto unico. Se c'era del sale, già le cose miglioravano. Ma con la fame andava giù comunque.

4.

Non molti anni fa, con Inge Feltrinelli si andò a un ristorante proibitissimo, in Umbria. Non ricordo né dove fosse
– vicino a Montefalco, credo –, né come si chiamasse. Di
sicuro, era tutto fuori legge. Il menu in effetti non consisteva
di sostanze illegali come cocaina o LSD (Inge e io abbiamo
sempre avuto orrore delle droghe), bensì di uccellini, allodole, merli ecc. Ci invitò il sindaco, che si chiamava Radames
Egizi, con il vicesindaco, e Amos, che aveva un negozio di
ferramenta, figlio di una zingara, adorabile persona, consi-
gliere nella giunta cittadina.

Inge era fantastica perché era a suo agio con il maniscalco
e la superstar, il principe e lo sguattero. Ma se qualcuno non le
piaceva, lo trattava a pesci in faccia. E nel giudicare le persone
era sempre molto arguta.

Insomma, arrivammo in questo ristorante un po' qualsiasi, ma poi, strisciando lungo le scalette di legno, scendemmo nel seminterrato: lì c'era un fuoco che scoppiettava nel
caminetto, con girarrosti che colavano sopra una striscia di
polenta.

Polenta con gli uccelletti
Far cadere la polvere di polenta (meglio la gialla, ma anche
la bianca è squisita con quelli che in Veneto chiamano *osei,*

alias gli uccelletti) in un brodo leggero aggiungendo sale e pepe, e mescolare *ad nauseam*.

Stendere e far freddare su una tavola di legno, o anche su diversi piatti grandi, in modo da avere una varietà di forme.

Gli uccelletti, impalati tra una foglia di alloro e una fetta di pancetta, girano nel girarrosto su una brace molto rossa; dopo una decina di minuti, aggiungere la polenta così da raccogliere il grasso che cola. Con l'olio d'oliva continuare a ungere gli ex volatili.

La polenta si può fare anche con gli *osei scapai*, e cioè solo con fegatini, pancetta e alloro, lasciando le allodole e i merli a cantare la primavera.

5.

Gli inglesi, è noto, non sanno né cucinare né mangiare. Da quando hanno scoperto la "cucina mediterranea" mescolano tutto in un'accozzaglia poco digeribile, ignorando il miracolo dei diversi sapori, affogando tutto in salse, mostarda in quantità, ketchup e *gravy* (già il nome evoca la sua consistenza appiccicosetta).

Anni fa, durante un viaggio di lavoro per un settimanale patinato con l'adorato fotografo dell'*Europeo* Stefano Archetti (per un articolo sui whisky single malt andavamo da una distilleria all'altra; solo nell'isola di Islay ce ne sono nove), si era alle isole Orcadi, nel mare c'erano più aragoste che sassi. Al ristorante le servivano bollite per ore, accompagnate da cipolla cruda. Una peggiore combinazione sarebbe inimmaginabile. In quanto ai muscoli che affollavano, viola e meravigliosi, il mare del Nord della Scozia, trasparente e pulitissimo, quando chiesi al pescivendolo se me li poteva procurare mi rispose: «Vada a prenderseli lei, noi non la mangiamo quella roba lì, solo i francesi». E così feci, indossai dei mega-stivali di gomma e andai a prendermeli.

La Scozia è bellissima, i torrenti pullulano di trotelle e i fiumi di salmoni; i boschi brillano di porcini e galletti (si chiamano anche *chanterelles*), giallo-arancio, da pulire con un coltellino e mai con l'acqua.

Per un certo periodo della mia vita sono stata la *châtelaine* di un bel castello scozzese bianco e seicentesco, in mezzo alle Highlands. Andavo a caccia, sciavo persino, e soprattutto cucinavo: in effetti la cucina scozzese, che è povera, offre cose buonissime come l'*haggis* – un insaccato di farina d'avena, interiora di pecora, grasso di rognone, spezie – e lo *Scotch broth*, un piccolo minestrone con orzo, spezzatino di agnello, montone o manzo, e ortaggi. I dolci per l'*high tea*, come gli *scones*, sono squisiti.

Ero una rarità tra quei castelli, perché ero italiana e perché giocavo a bridge benino, così a volte andavo a fare il quarto seduta al tavolo con dei pari del Regno e con dei ministri conservatori che, in effetti, giocavano malissimo. Lord Ancaster, padrone di un castello fastoso, mi raccontava di un paio d'anni passati a Roma come Junior presso l'ambasciata e dei suoi incontri con Ciano, che doveva essere un gigione tremendo ma che lui aveva giudicato *charming*. Ciano criticava sempre il suocero, mi raccontava divertito Lord Ancaster. C'era una dose di innocenza, in quella vecchia aristocrazia, che probabilmente l'aveva salvata per qualche decennio.

I miei compagni di bridge erano adorabili e mi trattavano come una bimba distratta. A un certo punto li persuasi che nei loro boschi (ettari ed ettari di querce immense) crescevano funghi squisiti e in un paio di occasioni li convinsi persino a raccoglierli con me e a mangiarli. Sospettosi all'inizio, convinti di avere a che fare con una provetta avvelenatrice, diventarono ghiotti consumatori di porcini e *chanterelles*.

Risotto alle chanterelles

Rosolare il soffritto e aggiungere il riso. Appena l'aglio accenna a imbiondire, aggiungere un chilo di funghi con un trito di prezzemolo e aglio, salare e pepare moderatamente, bagnare con pochissima acqua e far cuocere a fuoco dolce per una ventina di minuti, rimestando ogni tanto. I funghi faranno la loro acqua, piano piano aggiungere brodo e vino bianco, portando il riso a una cottura cremosa, e cioè non al dente, anzi.

La parte più dura sono i tocchetti di gambo dei porcini: quando saranno teneri, i funghi sono pronti – non cuocerli di più. Prima della fine, salare.

Dato che ce n'erano moltissimi, di funghi, ne raccoglievo in abbondanza per poi seccarli in cucina – come fanno i russi, appesi al soffitto con un filo – oppure li cucinavo e li mettevo nel freezer.

Adesso gli inglesi sono diventati cuochi italianizzati, ti consigliano di aggiungere olio all'acqua bollente quando cuoci gli spaghetti e altre sciocchezze del genere. I *puntarelli* non hanno nulla a che vedere con le puntarelle romane, i *linguini* sono le linguine, massacrate; il cappuccino, per loro, accompagna il piatto forte.

Quando vivevo in una bella casa settecentesca in stile Adam, nello Shropshire, ricevevo molto, avevamo ospiti in continuazione; il forno funzionava benissimo, così i miei crème caramel erano perfetti, inoltre preparavo dei pâté di fegatini di cacciagione molto amati da Inge Feltrinelli.

Pâté di fegatini

Burro, fegatini di pollo o di fagiano, pernice o beccaccia, due uova, salvia, scalogno, sale, pepe. Rosolare lo scalogno a pezzetti e cuocere i fegatini con molto burro, aggiungere sale e pepe, le uova, poi tutto nel frullatore. Imburrare una piccola teglia e cuocere il pâté per trenta minuti. Decorarlo poi con altre foglie di salvia e di alloro.

Nello Shropshire la cucina locale era inesistente, le verdure e le erbe aromatiche anche. Cominciai così a portarmi semi dall'Italia e piantai rucola, piselli, biete, salvia, rosmarino, timo, dragoncello... tutte cose sconosciute in quelle lande. Un giorno mi telefonò una signora che stava compilando un libro sulla cucina dello Shropshire e mi domandava delle ricette. Stupita dall'innocenza della richiesta, assieme ai figli, ridacchiando, mettemmo assieme delle ricette assurde, alla Edward Lear, dove si bolle il pollo e si butta via il brodo, e gliele mandai. Con mia grande sorpresa, mi tornò una risposta: la zuppa di civetta che avevo proposto come delizia culinaria, dove l'avevo trovata? Me l'aveva suggerita il mio guardacaccia, risposi. Potevo chiedergli dettagli? Ahimè, il guardacaccia era deceduto...

Incredibilmente, alcune delle mie ricette apparvero nel libro *Shropshire Cuisine*:

> Alcune delle ricette che ricevetti erano strane assai; Mrs Mostyn-Owen, di Woodhouse Hall, mi mandò una lista di piatti locali che includevano zuppa di civetta, pasticcio di pettirossi, marmellata di porro e un purè di patate con il miele.

Mia cognata, donna carissima e molto bella che aveva il difetto – nel suo ruolo di *lady-in-waiting* – di essere schiavizzata dalla famiglia reale, quando mi invitava a pranzo a St James's Palace serviva invariabilmente maiale vagamente bollito con contorno di spaghetti. Ogni volta diceva: «Non dovrei cucinare la pasta per te che sei italiana...» Ciononostante lo faceva. Inutile che io commenti il risultato.

Ma già il suo rappresentava un progresso rispetto a quanto combinava mia suocera, Lady Margaret, amica del cuore della regina madre, con chef francesi e maggiordomi che avrebbero dovuto educare il suo palato alla perfezione. Niente da fare: nulla era penetrato a Chirk Castle, a casa sua si mangiava malissimo.

A Chirk Castle, residenza Tudor nel Galles, con spalti e giardini all'italiana, venne in visita il principe Carlo, il quale fece avere una lista di quello che avrebbe gradito per pranzo, forse consapevole di cosa aspettarsi altrimenti.

Lady Margaret era una provetta pescatrice e prendeva all'amo salmoni tanto nel fiume Tay, proprietà del fratello, che nello Speyside, proprietà del marito; solo che poi non sapeva come gestire quelle meravigliose carni rosa. Alle cuoche chiedeva di far bollire le povere bestie per ore, finché diventavano color merluzzo. E così anche il principe di Galles dovette sorbirsi un salmone scotto.

A casa del nipote di Lady Margaret – uno dei palazzi più belli del Regno, nel Wiltshire –, al principe di Galles (oltre che a me) vennero servite beccacce intere, dure come un mattone, certamente cotte per ore, il povero becco in aria, senza l'aiuto di una salsa qualsiasi.

Non c'era coltello che potesse sfidarle e, tra le risate degli ospiti, le beccacce, non vive, cominciarono a volare nella stanza da pranzo, tra un Reynolds e un Turner.

La cacciagione gli inglesi non sanno cucinarla, è sempre troppo cruda o troppo cotta; la *grouse*, animale bellissimo e intelligente, una pernice di montagna ormai rara dal sapore di muschio, meriterebbe una morte migliore: la servono quasi cruda e sanguinolenta.

I fagiani, invece, vengono cucinati in modo che la loro carne diventi secca come la corteccia di una quercia.

6.

Secondo me è molto più facile essere una brava cuoca che una cattiva cuoca. La buona cuoca fa sue le nozioni base, il resto viene da sé.

Saper fare un soffritto è *de rigueur*; la cottura del pesce dev'essere veloce, anche le verdure vanno appena cotte. Mai esagerare con i grassi. Importante è l'uso dei condimenti, come sapeva già Marco Gavio Apicio (vissuto a cavallo tra il I secolo a.C. e il I secolo d.C.), che ci ha lasciato un manuale di cucina, il *De re coquinaria*; anche se purtroppo molti ingredienti hanno un nome latino che non sappiamo tradurre, questo ricettario esprime gusti raffinati e lussuosi. Fondamentale, e non solo per Apicio, era il *garum*, ai tempi imperiali una salsa complicatissima oggi traducibile con la pasta di acciughe. Non solo con la pasta di acciughe ci si cucina alla diavola, ma ne basta un tocco con il burro su una tartina, nel sugo di pomodoro o in quello del pollo (il pollo alla diavola), e cambia tutto.

«Gli antichi ricavavano dal pesce dei condimenti, la *muria* e il *garum*» scrive Brillat-Savarin.

Questa è un'insalata-pasto:

Quasi una Niçoise

Insalata belga, lattuga, tre uova sode tagliate a metà, rucola. Preparare da una parte olio d'oliva, limone, pasta di acciughe in abbondanza, uno spicchio d'aglio; pestare tutto assieme e condire.

Ai Romani dobbiamo il ciliegio, che Lucullo portò dopo la sua vittoria contro Mitridate, re del Ponto; il carciofo (*cynara*) invece viaggia dalla Sicilia a Roma e ne diventa un re, secondo Plinio.

Mi vengono i nervi quando, frettolosa perché sto per servire una ventina di amici, mi viene alle spalle un'invitata che mi dice: «Ma veramente io il risotto non lo faccio così...» Oppure: «Posso aiutarti?» e si mette a ciaccolare quando devo concentrarmi sul sugo o sulla pentola. «Posso assaggiare?», «Ma davvero metti lo zucchero nella salsa?», «Ma sai che i piselli freschi sono più buoni di questi surgelati?» ecc.

La cucina, decretava mio padre, è la prima forma di chimica sperimentata dall'uomo, la trasformazione degli ingredienti in materia digeribile attraverso il fuoco, e cioè la cottura.

I suoi precetti erano: mai rimanere senza cipolla e aglio; mai nascondere gli ingredienti sotto troppi sapori; usare le erbe aromatiche. Era particolarmente amico non della menta, bensì della mentuccia romana: non solo con i carciofi (alla romana), ma anche con i cardi, nell'insalata mista e con quella verdura (da me prediletta) che chiamano rosgani in marchigiano, barba di frate in Umbria, agretti in italiano.

Ottimi in insalata con olio e limone (e mentuccia), i rosgani vanno cucinati come spaghetti, immersi nell'acqua bollente ben salata dopo averli puliti e privati delle radicette legnose. Devono rimanere belli croccanti, al dente.

Spaghetti con i rosgani

Gli spaghetti con i rosgani sono squisiti: cinque spicchi d'aglio tagliati piccoli, olio d'oliva, buttarci sopra trecento grammi di rosgani già cotti, mescolarli con pasta di acciughe. Unirli agli spaghetti, già conditi nella zuppiera con olio d'oliva vergine.

Tè alla menta

Niente di più semplice. I Tuareg nel Sahara lo servono con molto zucchero e molte foglie di menta in bicchieroni colmi fino all'orlo.

In effetti papà aveva ragione: la vera cucina non è cuocere il filetto (pur se non è raro trovarsene uno freddo, mezzo bollito e coperto di salse lamentevoli), ma trasformare un pezzo di carnaccia in qualcosa di delizioso. Le cucine regionali francesi inventano la *charcuterie*, le *terrines*, i *pâtés*, le *andouillettes*, le *rillettes*, tutti modi per preservare e usare ogni pezzetto, anche il più modesto, del maiale; la cucina romana – coda alla vaccinara, coratella – è un esempio perfetto di una cucina povera che fa un trionfo di ingredienti modesti.

7

Certi piatti, al ristorante e in televisione, vengono preparati mescolando una cinquantina di ingredienti tutti assieme. Se lo possono permettere giusto i cinesi perché sono bravissimi a trasformare ingredienti poveri. Il wok – quella grande pentola conica col fondo arrotondato – è un'invenzione geniale: si possono cuocere cibi diversi a temperature diverse (più si sale verso l'alto, più ci si allontana dalla fiamma) e può essere usato per ogni tipo di cottura; inoltre, ha una griglia che si incastra sul bordo, perfetta per tenere in caldo i cibi già cotti o per far sgocciolare i fritti. I cinesi sono geniali in cucina (e non solo in cucina), anche se i loro gusti sono discutibili. Kenneth Lo, un cuoco cinese ex diplomatico, mi informò che nel suo Paese si mangia qualunque cosa abbia quattro gambe, a parte i tavoli.

La prima volta che andai in Cina fu nel 1982, facevo parte di un gruppo di esperti di cucina (cosa che non ero affatto, semplicemente recensivo ristoranti su *Harpers & Queen*), guidati appunto da Kenneth Lo. Era un'occasione unica, meravigliosa, per visitare un Paese che era stato chiuso per tantissimo tempo.

Conoscevo Kenneth Lo perché aveva aperto uno dei migliori ristoranti cinesi a Londra – la novità stava nel fatto che il ristorante non si trovava a Chinatown o nei quartieri più poveri dell'East End (dove era rimasto fino ad allora confinato il cibo cinese), bensì a Belgravia, ed era di lusso. Si servivano piatti cantonesi, grassi e saporiti, in quanto i cinesi di Londra venivano dalla colonia britannica di Hong Kong, vicino a Canton.

Londra – dove vivevo ormai da tantissimi anni – aveva sempre avuto una tradizione di buona cucina cinese e una Chinatown genuina frequentata, come avviene ancora oggi, più da cinesi che da inglesi. Ma quello organizzato da Ken Lo fu un viaggio sensazionale. Uscita dalla Rivoluzione culturale, la Cina voleva ritrovare la sua tradizione gastronomica e cercava al tempo stesso di aprirsi al mondo. Ho sempre rispettato la cultura e l'inventiva cinesi, e mi piacciono loro, i cinesi, pur se, quando si parla di Cina, si abbraccia un continente. Il Nord e il Sud sono distanti culturalmente e gastronomicamente come Napoli dal Friuli.

Avevo trovato una storia della cucina Han della Harvard University Press. Ecco una ricetta del III secolo, che non farà parte del mio ricettario: quando uccidevano un nemico importante (non un dispettoso qualsiasi), i condottieri del Sichuan ordinavano di mettere il cadavere in salamoia e dalla salamoia ricavavano una salsa. Conservata in un elegante contenitore, la gustavano poco per volta, assaporando la vendetta.

Ken Lo era un uomo colto ed elegante, dai modi impeccabili, aveva scelto di non rientrare nella Cina rivoluzionaria e aveva fatto bene. Prima di lasciare il Paese era vissuto perlopiù in provincia, non lontano da Shanghai. Lo zio materno, rinomato calligrafo, aveva fatto da tutore all'ultimo imperatore del Celeste Impero. Lo vedevi dalle maniere di Ken, dalle sue mani perfette, dai gesti misurati.

Dopo il nostro arrivo ci portò in visita da suo fratello, anch'egli ex diplomatico. Era un modo per farci vedere in che tragica rete fosse caduta la gente come lui. Il nostro ospite uscì da una porticina e venne ad accoglierci: viveva in un paio di stanzette anguste, con i suoi libri e la moglie, tutti affastellati e poverissimi. Ci offrirono una tazza di tè, uno sforzo economico notevole per loro, lo capivo (eravamo in sei, più Kenneth Lo e la guida).

I due fratelli, che non si vedevano da decenni, scambiarono solo poche parole; noi, consapevoli della presenza della guida, ci guardammo bene dal porre domande sulla situazione politica.

In Cina mi trovai a tenere discorsi semiufficiali sui legami tra le nostre cucine, l'italiana e la cinese, e tra le nostre culture, e su Marco Polo, naturalmente. Avevano organizzato dei banchetti, alternando i sapori, i profumi, le consistenze, descritti in menu dipinti per l'occasione. I tovaglioli venivano piegati per ciascuno con una forma diversa, a cigno, a gallinella, a maialetto, a giglio. E ogni regione offriva la sua cucina: a Pechino cucina imperiale e cucina manciù, nel Sichuan cucina piccante, mentre a Shanghai la cucina era molto delicata. I cuochi erano spariti con la Rivoluzione culturale, ed era evidente che ora i cinesi stavano tentando di recuperare la loro grande arte culinaria.

A Pechino alloggiavamo in un albergo lontano dal centro, ma a volte riuscivo a scappare in taxi, l'indirizzo dell'albergo scritto in cinese su un foglietto. Non fu facile, ma in un negozietto scovai degli stupendi copricapi di pelliccia, seta e velluto (a quell'epoca si trovavano ancora). Faceva un certo effetto vedere gli impiegati che dormivano sull'uscio delle botteghe per custodirle.

Shanghai, che allora sembrava una New York degli anni Venti, era affollatissima di gente che camminava frettolosa, accalcandosi e spingendosi. Mi fermai davanti a una vetrina: vendevano delle scarpe di seta dai colori smaglianti a forma di pesce – un lavoro da certosini! –, ma troppo piccole per i miei piedoni. Pur se discreti al massimo, i passanti quasi si fermavano nella loro corsa mattiniera, a loro volta incuriositi dalla mia curiosità.

Entrai e mi feci capire a gesti e disegni: volevo due paia di quelle pantofole, uno per me e uno per mia figlia, in turchese e molto grandi (i cinesi hanno i piedi piccoli e giudicano i nostri orrendamente enormi). Dovevano farle fare, mi risposero, sarebbero state pronte la settimana seguente. E così fu.

Devo aggiungere che i cinesi ci trovano bruttissimi – ai loro occhi, i nostri piedi e i nostri nasi sono giganteschi, davvero poco eleganti. Cercavo di farmi dire che cosa pensavano, e se mi capivano ridacchiavano; allora erano tutti vestiti alla Mao, mi sembravano indistinguibili. Una volta chiesi a un ragazzo che ascoltava i concerti di Paganini: «Ma voi ci vedete diversi uno all'altro o ci trovate tutti uguali?»

«Tutti uguali» fu la pronta risposta.

Sì, ci trovavano brutti e grossolani. E identici.

Andavo nei magazzini di Stato per comprare quelle giacche di cotone blu alla Mao Tse-tung che allora portavano tutti e che costavano quasi niente, tagliate come neanche Christian Dior avrebbe saputo. E in certi negozi speciali si trovava il velluto di seta damascato che vediamo nei dipinti di Tiziano. «Questo tipo di tessitura è molto complicata» mi spiegò una signora cinese che era con me. «Non so quanto a lungo riusciremo a produrla, è costosissima e manca la manodopera».

Assieme al gruppetto andammo anche a Hangzhou (nella provincia dello Zhejiang), un sogno di città, famosa già dall'antichità per i suoi ristoranti – ne parla anche Marco Polo.

Ken Lo teneva per noi delle lezioni-conferenze: la cucina della Manciuria aveva esercitato una profonda influenza sui cibi serviti all'interno della Città Proibita, in quanto l'ultima dinastia regnante era Manciù (1644-1912). Facevamo spuntini con certe uova squisite, bollite in salsa di soia – specialità di Suzhou, nello Jiangsu, una città di giardinetti che offriva una cucina dolce, non piccante –, e con pesce e verdure al vapore.

Anche a Hangzhou, città di ponticelli e canali, e di pietanze delicate, la cottura era al vapore, fermata alla fine da olio di sesamo bollente che formava delle crosticine deliziose sui pesci di acqua dolce.

La cucina del Sud era robusta e appetitosa, in quella del Sichuan la varietà di erbe profumate e funghi era immensa.

Per secoli quella provincia era rimasta divisa dal resto della Cina da catene montuose e da fiumi che sbalordiscono per possanza e violenza. Governato da temibili condottieri, il Sichuan era privo di strade – a parte il fiume Yangtze – e dunque aveva mantenuto molte delle sue tradizioni. Era una terra splendida, sia per gli antichi monumenti sia per le casette contadine, fattorie nascoste tra rocce e bambù color smeraldo, un'architettura vagamente Tudor, legno e pietra. Sui battellini e i *sampan* si cucinavano pasti strabilianti: solo i cinesi riescono a mettere in tavola una gamma di piatti così differenti uno dall'altro, per profumo e consistenza, in meno di un'ora e per una ventina di persone, in uno spazio limitato; gli basta niente per allestire un fornello e mettere assieme una sfilza di portate deliziose. Qualcosa da loro ho imparato, ma a parte l'abilità nel tagliare le verdure con coltelli affilatissimi, non è facile procurarsi gli ingredienti (benché oggi nella Chinatown di Londra, e anche a San Francisco, si trovino ottimi supermarket cinesi).

Io comunque tengo in cucina delle salse cinesi con le quali posso cambiare un risotto, rendere interessante il tacchino o il petto di pollo più noioso: *oyster sauce*, *hoisin sauce*, salsa di peperoncino e aglio – oltre naturalmente alla salsa agrodolce e alla soia.

La salsa di prugne me la faccio a casa, in Umbria, dove sono piena di alberi di prugnette squisite.

Salsa di prugne
Bollire tre chili di prugne e passarle al setaccio. Alla polpa mescolare due bicchieri di aceto, una cucchiaiata di sale, due

cipolle, foglie di alloro, cumino, quindi frullare. Da usare con arrosti, formaggi, *croquettes* e anche bolliti misti.

Salsa *sweet'n'sour*

Trecento grammi di zucchero, mele, albicocche, salsa di soia, pomodori pelati, vino bianco e sale.

Tutto assieme, frutta sbucciata e centocinquanta grammi di zucchero. Bollire. Cucinare il resto dello zucchero con un po' d'acqua, e appena si caramella unire alla salsa.

Durante il viaggio in Cina, per puro caso ci ritrovammo presso Dazu, nel Sichuan, municipalità di Chongqing, in un villaggetto. Un paesaggio da sogno con pagode e sculture religiose del VII secolo. Persino nelle piccole taverne, in quel periodo di povertà, si mangiava benissimo.

Il nostro autobus si fermò ai piedi di una collina, nella parte alta del villaggetto si teneva un mercato. Alla maggioranza dei miei compagni di viaggio non interessava, mentre per me la visita al mercato di un villaggio è come andare al Louvre.

Salii senza aspettare gli altri e mi ritrovai in una piazza circondata da casupole di legno molto pittoresche; la piazza e la strada fangosa che portava verso il cuore del villaggio erano zeppe di contadini, chi comprava e chi vendeva dietro a banchetti spesso semivuoti che parlavano di un mondo veramente povero. Mi fermai davanti a uno che vendeva topi e ratti, pendevano da bastoncini in bella mostra con prezzo e tutto. Svelta tirai fuori la macchina fotografica – ancora esistevano – e scattai diverse foto, poi corsi incontro a Ken Lo: «Venite a vedere, c'è una cosa interessante... poveretti, vendono topi morti».

«Non è possibile» rispose lui guardando la guida.

Li scortai allora attraverso il mercato e cercai di identificare il banchetto che avevo fotografato pochi minuti prima: era tutto sparito, topi, prezzi, venditore. Ma avevo le fotografie.

Mi innamorai della Cina e dei cinesi.

E mi venne un'idea, adesso sembra ovvia ma non lo era allora: scrivere di ristoranti in Cina.

Mi avevano colpito l'enorme quantità di taverne – piccole, semplici – e la varietà di cibo che si serviva. E così, dopo un anno, decisi di tornare. Questa volta con la famiglia.

Preparai bene il viaggio, con l'aiuto dell'ambasciata cinese. Venivano a cena da noi, la conversazione era limitata per non dire inesistente, ma quando ci portavano fuori, i loro connazionali estraevano dei paraventi e ci servivano piatti ben diversi da quelli preparati per gli altri clienti. Roba fantastica.

Partimmo passando per Karachi, dall'aereo un panorama sorprendente di montagne e deserti sconfinati, un altro mondo. I miei figli, due adolescenti (Owen e Allegra) e uno di dieci anni (Orlando), impararono moltissimo da quel meraviglioso viaggio, da quella meravigliosa gente. E anche dalla cucina, tanto che, quando rientrammo a Londra, Owen cominciò a cucinare l'anatra come un pechinese, facendola seccare dentro un armadio ad aria calda...

Nelle città si andava in ristoranti enormi, in campagna in piccole taverne; una volta ci dissero che non avevano quasi niente, che non sapevano cosa darci da mangiare; strano, pensai, i cinesi se non hanno niente in cucina qualcosa si inventano. Ci servissero quel che c'era, avevamo fame. In una gabbietta c'erano animali vivi che ci vennero offerti, uno dei quali era un pangolino, una creaturina impaurita. Inorridito all'idea che l'adorabile bestiolina venisse mangiata, Orlando cominciò a piangere, voleva che lo comprassimo per portarlo con noi in Inghilterra.

A Canton, Ken Lo ci aveva portato in un ristorante pinnacolare che stava aperto solo dalle cinque alle dieci del mattino: serviva soltanto la prima colazione, il *dim sum*.

Le scale di legno sembravano fatte di stecchini e ognuno dei cinque o sei piani che lo componevano, in cui erano pigiati tavolini di legno e seggioline scomodissime, era incredibilmente affollato; gridavano tutti, ma chi gridava di più erano i camerieri che arrivavano in un flusso continuo con un cestello in testa, due sulle spalle, un paio tra i gomiti, gridando il nome della vivanda e fermandosi da chi lo richiedeva; le chiamate avvenivano con gesti, urla, braccia accavallate. Non si sa come facessero, quei camerieri, a svicolare in mezzo alla selva di tavolini e su e giù per quelle scale pericolosissime portando in bilico le ceste di involtini ripieni, di pietanze così squisite che ancora ricordo la mia meraviglia. La varietà dei *dim sum* era incredibile, la fantasia degli ingredienti e della presentazione, roba da Cartier. Pare fosse un posto famoso, ma venne spazzato via con la fretta che hanno i cinesi di distruggere – i loro più importanti monumenti vengono spesso sostituiti con cementaccio, ridipinti e ripresentati come originali – e l'anno seguente non c'era più.

A Canton c'era un intero quartiere di case *art nouveau* alla cinese, un'architettura bizzarra e deliziosa: io avevo finito il rullino della macchina fotografica, ma sapendo che sarei tornata, forse già l'anno dopo, avevo pensato che mi sarei rifatta. Dimenticai in quell'occasione il mio motto di fare sempre tutto subito, e me ne pentii: al pari del ristorante, anche l'intero, bellissimo quartiere, l'anno seguente era sparito.

Comunque quel *dim sum* cantonese, con la teatralità della scena, la frenetica fretta e la grande qualità del cibo, mi è rimasto nel cuore e nel palato.

E naturalmente in valigia.

8.

Qualche anno più tardi tornai in Cina, ospite del governo, per un viaggio che da Pechino ci avrebbe portato a Xi'an e poi sulla Via della Seta. Oltre a me avevano invitato tre giornalisti: uno bravo e colto, che sapeva leggere il cinese; gli altri due, delle bestie che scrivevano per quei giornalacci inglesi che vendono centinaia di migliaia di copie a suon di pettegolezzi e donne nude.

Era un invito ufficiale, dunque avremmo avuto accesso a tutte le grotte buddhiste del deserto e alle città sepolte, oltre che a tombe dipinte (alcune delle quali depredate da Sir Aurel Stein, il viaggiatore-spia del Great Game, all'inizio del Novecento). Avrei lasciato il mio gruppetto tornando dalla Via della Seta, decisi, e avrei preso un aereo per la Birmania, che adesso non si chiama più Birmania, come del resto Pechino non si chiama più Pechino e Benares dobbiamo chiamarla Varanasi, se vogliamo essere politicamente corretti. Cosa che io non voglio assolutamente essere.

Prima di lasciare Pechino andai al consolato birmano per ottenere un visto, avevo sempre sognato di visitare quel Paese che mi avevano descritto come magico. Non c'erano voli diretti, avrei dovuto aspettare una coincidenza a Kunming; mi andava bene perché la regina Elisabetta era attesa in visita proprio a Kunming, il suo primo viaggio in Cina, e il *Telegraph* sarebbe stato ben contento se avessi mandato un articolo su quella città del Meridione cinese.

Il viaggio per raggiungere Xi'an e poi le oasi della Via della Seta fu faticoso e lentissimo, ma affascinante. Ci trattarono meravigliosamente bene.

Quand'era possibile, ci venivano servite pietanze tipiche della zona. Più ci si addentrava nel deserto, più l'influenza mongola si faceva sentire – per esempio, si mangiava agnello invece di manzo. Mentre l'influenza ellenizzante del Gandhara si manifestava nell'oasi di Dunhuang, dove si coltivava la vite.

Un pasto indimenticabile lo consumai nella fortezza di Jiayuguan, all'estremità occidentale della Grande Muraglia (quella orientale cala nel Pacifico), tra il cielo e le montagne del Kuan Lun.

Indimenticabile, per la verità, non fu tanto il pasto in sé quanto la bellezza del sito e della meravigliosa fortificazione che invano aveva percorso l'immenso continente, e il poter camminare da sola sotto la luna nel deserto.

Al ritorno dai deserti, dalle oasi, assieme al bravo giornalista amico di Peter Hopkirk, l'autore di *Il Grande Gioco* e di altri libri sulla spietata guerriglia dei servizi segreti (ai quali apparteneva), prendemmo una bicicletta fino al consolato birmano, dove ritirai il mio passaporto. Poi comprai un biglietto aereo per Kunming – da lì sarei poi partita per Rangoon, che adesso si chiama con tutt'altro nome.

Dato che mi aspettavano ore e ore di viaggio (i treni, passata l'oasi di Dunhuang, viaggiavano a dodici chilometri all'ora), Jonathan Miller, il regista-medico, prima che partissi da Londra, mi aveva consigliato di prendere con me molti volumi di Freud: «Così una volta per tutte lo hai letto, e come finisci un volume lo lasci... tanto sono in edizione tascabile».

Me ne portai dietro almeno una dozzina, anche se già allora pensavo che la psicoanalisi è un pericoloso bagno di egocentrismo, un mostro che ha distrutto varie generazioni, perché dà sempre agli altri la colpa di tutto e annulla il senso di responsabilità personale. E infatti dopo sei o sette volumi non ne potevo più di Sigmund Freud, lo trovavo noiosissimo e pedante.

La sera del mio arrivo a Kunming venni accolta dalla direttrice del turismo regionale, era stato allestito un banchetto in un angolo del grande, orrendo albergo. La conversazione era stentata, punteggiata di sorrisi vuoti che avrebbero dovuto supplire alla difficoltà di comunicazione; a un certo punto sentii una spada nera che mi trapassava lo stomaco: lo capii subito, era un avvelenamento da cibo. Forse glutammato monosodico vecchio, anzi paleolitico, comunque mi chiusi in camera e per cinque giorni non riuscii a lasciare il letto: tè, tè e tè.

Il giorno prima della partenza per la Birmania stavo meglio; dopo un digiuno di quasi una settimana avevo fame, così scesi nella hall e sentii alcune voci che parlavano italiano. Mi voltai, erano dei ragazzotti cisalpini che lavoravano per la Olivetti. Simpaticissimi, mi fecero una gran festa e mi dissero che ero pazza a viaggiare da sola per un Paese orrido come la Cina, dopodiché mi invitarono a cena. Dovetti confessare che non stavo bene e che era meglio che non toccassi cibo cinese.

«Ma che dice! La cucina cinese fa schifo, noi ci facciamo gli spaghetti in camera».

Salii con loro, sul fornelletto già bolliva l'acqua, e avevano anche una scatola di pelati e delle cipolle: «Peccato che abbiamo finito il vino, avevamo un buon Valpolicella». Si erano portati tutto in valigia.

Gli spaghetti erano squisiti, e probabilmente senza quel pasto inaspettato non ce l'avrei fatta a salire sull'aereo per Rangoon.

La guida che mi accompagnò all'aeroporto mi annunciò che l'aereo settimanale da Pechino a volte arrivava pieno, e correvo il rischio di non trovare posto.

Altri due passeggeri aspettavano quel volo con ansia, alti, eleganti. «Chissà da dove vengono» mi bisbigliò la guida.

«Sono certamente italiani» le risposi.

Non corrispondevano all'idea che una cinesina del Sud aveva dell'uomo italiano.

Improvvisamente ero terrorizzata dalla prospettiva che sull'aereo ci fossero posti per due ma non per tre. E di rimanere a Kunming per un'altra settimana.

Finalmente arrivò l'aereo, un po' scassato e completamente vuoto a parte un enorme casco di banane.

I due italiani erano professori dell'Università di Pavia. Dopo aver passato un anno all'Università di Pechino a studiare la giurisprudenza cinese avrebbero trascorso una settimana in giro per la Birmania. Due professori universitari? Li guardai con occhi speranzosi: «Non avreste un libro da prestarmi?»

Li avevano fatti spedire tutti in Italia, mi risposero, ne rimaneva uno, me lo avrebbero dato volentieri. Lo guardai; era di Jung. Dalla padella alla brace, pensai. In effetti Jung, allievo odiatissimo di Freud, era meno cattedratico e di più ampio respiro, ma certo avrei preferito altro.

L'aereo sorvolava le famose foreste inesplorate della Birmania, legni pregiatissimi, alberi di teak ormai inesistenti o quasi, una giungla fantastica.

Finalmente arrivammo a Rangoon; la polizia di frontiera ci fece aspettare un bel po' trattandoci come se fossimo tre rappresentanti di Belzebù. Ben sapevo che il regime era tremendo, corrotto e diabolico – pazientai.

L'albergo era vecchio, in stile coloniale, delizioso.

Il portiere però mi disse che gli rimanevano solo due stanze: una, più a buon mercato, era piccola e senza bagno; l'altra, la più cara dell'albergo, era una suite con bagno e salotto – e ventilatore.

Cominciavo a scarseggiare di soldi, ma pensai che ero malata e che avrei passato parecchio tempo in camera. «Prendo la suite» risposi. «Quanto costa?» Costava cinque dollari a notte. Potevo certamente permettermela.

I giovani professori stavano per partire, avrei potuto accordarmi per visitare con loro Bagan, Bago, Mandalay ecc., ma mi sentivo ancora troppo male. Rinunciai, era meglio che prima di avventurarmi fuori dalla capitale smaltissi l'avvelenamento.

Timidamente, misi il naso fuori dirigendomi verso Shwedagon, la grande pagoda buddhista, affollatissima meta di pellegrinaggio, costellata da altarini e cellette, offerte, monaci in arancione, musica, immagini, una festa mistica e molto colorata. Era un tempio immenso, un mondo a parte, un divertimento.

Dal pinnacolo della grande pagoda pendevano pietre luccicanti: in Birmania si estraggono i rubini più preziosi del mondo (famosa la tiara di Burma della regina Elisabetta) e fantastici smeraldi.

Un giovanotto locale saltò fuori e mi tempestò di domande – pessima spia, pensai. Cosa facevo a Rangoon? Ero in vacanza, venivo dalla Cina, volevo vedere le bellezze ecc. Scrivevo? Ma certamente no! (I giornalisti, nella Birmania dei generali, venivano considerati nemici per principio.) Dove sarei andata? Non sapevo, al momento non stavo molto bene e sarei rimasta a Rangoon... Volevo essere accompagnata? Preferivo di no, grazie.

La mattina mi preparavo un tè in camera, poi uscivo: avevo trovato un omino che mi portava in giro col suo risciò. Parlava inglese, lingua ormai proibita in Birmania, ed era una persona squisita. Gli chiesi di accompagnarmi al mercato, dove comprai dei bellissimi *papier mâchés* e dove ammirai frutta e verdura, ma dove era lampante la grande povertà del Paese. Erano belli questi birmani, molto diversi tra di loro, tra le varie tribù dei Khmer, dei Mon; le ragazze dai pesanti capelli neri, meravigliosi e lucidi.

Su un ponte che si attraversava per accedere al mercato giacevano, come stracci, dei lebbrosi. La lebbra, che ufficialmente non esiste più, era ben visibile a Rangoon – l'avrei vista anni dopo anche in Perù, in un villaggio nei pressi del lago Titicaca; una bambina, seduta, anzi ammucchiata, su una pietra, mostrava le braccia succhiate dal nulla. Feci per avvicinarmi, ma venni trattenuta: «*Peligrosa*». Lasciai dei soldi, chissà che poco aiuto avranno dato a quella povera creatura. Era capitato a lei, perché a lei?

Cominciavo a sentirmi meglio e mi spingevo a consumare un pasto al giorno nel ristorante dell'albergo: una papaia, che fa bene allo stomaco, riso bollito e aragosta alla griglia – sempre lo stesso menu. Le coste della Birmania pullulavano di pesce e di crostacei meravigliosi.

Dessert di papaia
Lo scoprii allora questo frutto, che, si capisce al volo, fa benissimo. Secondo gli esperti, la papaia ti guarisce da tutto e ti fa anche perdere peso. Di sicuro, è bella da servire e buona da mangiare.

Tagliarla per lungo, buttare via i semini neri anche se sono commestibili, coprirla di yogurt e decorare con marmellata d'arancia.

Un giorno chiesi al mio omino del risciò se poteva venire con me a Pegu, l'antica capitale, a un'ottantina di chilometri da Rangoon. Avrei preso un taxi, gli avrei pagato il suo tempo ecc. Mi rispose, in gran segreto, che il fatto che mi servissi spesso di lui per i miei spostamenti era malvisto, e lui già rischiava per il solo fatto di parlare inglese. Quindi non poteva accompagnarmi. Andai da sola, in taxi, fermandomi nei grandi cimiteri di guerra tenuti benissimo dalla Commissione britannica, migliaia di croci bianche che ricordavano ragazzi di diciannove, vent'anni...

Pegu era bella, con il più antico e lungo Buddha sdraiato – del VI secolo, pare, coloratissimo ed eternamente sorridente – sulla riva di un lago. Per arrivare al tempio si prendeva un traghetto sul fiume Bago, immenso come tutti i fiumi che scendono dall'Himalaya. Il traghetto era così sgangherato che faceva paura solo a guardarlo. Salii a bordo raccomandando l'anima a Buddha e fui sorpresa di ritrovarmi sana e salva sulla terraferma.

I gioielli in cima alla pagoda, mi dissero, erano stati rubati qualche anno prima, ma poi erano stati recuperati e i ladri, sacrileghi, squartati vivi.

Il pomeriggio, sempre alla stessa ora, il cielo da azzurro diventava nero e scoppiava un acquazzone, violentissimo, che ci inzuppava totalmente.

Tra i pochi clienti del ristorante dell'albergo c'era un uomo di mezza età che mangiava da solo. Parlava inglese.

«Lei cena da solo e io ceno da sola» gli dissi. «Le dispiace se mi siedo con lei?»

E così, da quella sera in poi, cenai con lui.

Fu la mia fortuna. Era un ex tassista olandese della Burma Oil Company che era stato ingaggiato dal governo dei generali.

«Ho preferito venire a vivere in albergo, almeno vedo qualche faccia». Mi indicò le spie agli altri tavoli, ma mi disse di non preoccuparmi: erano degli idioti. Da lui ebbi un quadro dettagliato e terrorizzante delle guerre civili che stavano devastando la Birmania, del regime, della corruzione, della povertà, dei mercenari che calavano nei villaggi rubando, uccidendo, violando. Basandomi su quelle testimonianze di primissima mano scrissi per *La Stampa* i miei migliori articoli – lo disse anche Tiziano Terzani.

9.

La mia arte culinaria fu messa a dura prova quando, tra il 2005 e il 2006, passai parecchio tempo nella missione archeologica francese di Dura Europos. Avevo avuto il permesso di visitare diversi siti (la Siria è la mecca dell'archeologia) perché stavo allestendo un festival musicale che poi finì nel nulla.

Mi interessava la storia delle religioni, o meglio, la storia di Dio. Dura Europos (*dura*, in accadico, significa "fortezza", e gli Europos erano i macedoni) era stata distrutta nel III secolo d.C. e, rimasta sotto la polvere del deserto e della steppa, non era stata mai più abitata. C'erano moltissimi templi dedicati a divinità più o meno conosciute, una folla di dèi del fiume, del trasporto, del commercio, di Giove tonante in diverse guise, e di dee più o meno cattive, persiane, greche, romane, nabatee, assire, caldee, babilonesi... Insomma, venivano da tutte le popolazioni transitate attraverso la città-mercato sulle rive dell'Eufrate. Quella città-fortezza era stata costruita sull'antica Via della Seta perché in quel punto l'Eufrate era attraversabile, e forse per qualche decina d'anni c'era stato un ponte di barche per le carovane.

La missione era numerosa: c'era il belga specializzato in battaglie, capelli alla Gesù Cristo e una carnagione che sembrava un'esplosione vulcanica; c'era quello che si occupava dei mitrei; c'erano quelle che, per una laurea che non sarebbe servita a niente, facevano una stagione da schiave smistando pezzetti di ceramica da un cesto all'altro; c'erano i cretini; c'era il gran capo, Le Professeur che tutto poteva, e c'era la spia siriana, ignorante non dico di archeologia, ma persino di quello di cui avrebbe dovuto far finta di occuparsi. Tutta la collezione di appunti sul sito era raccolta in volumi ordinatissimi che comprendevano anche le traduzioni dei vari graffiti, lapidi e papiri trovati *in loco*.

Due enormi fratelli, due Nabucodonosor, occhi nerissimi, sopracciglia cespugliose, naso da aquila reale, si occupavano della missione. Sapevano fare tutto: accomodavano telefonini (il mio, per esempio), facevano i letti, la spesa, resuscitavano automobili defunte. I due imperatori assiri erano discreti e sorridenti, non erano beduini, siriani o curdi.

Di notte le iene arrivavano fin dentro il cortile e urlavano; la sera, all'imbrunire, morivo di paura se ero ancora in giro, e mi affrettavo verso il cancello della missione.

L'immensa cittadella, dall'altra parte della missione, era stata costruita dai Seleucidi intorno al 200 a.C., su un dirupo. C'erano molte aquile che vegliavano il nido, attente agli aquilotti.

La cittadella non era mai stata terminata e continuava a sgretolarsi dentro l'Eufrate, erosa dal vento, dal tempo e persino dalla pioggia che ogni tanto cadeva. I tramonti sul fiume, dalla terrazza della missione, erano splendidi specie se accompagnati da un drink o una buona conversazione – non facili da ottenere, nessuno dei due, tantomeno insieme.

Alla missione, nonostante fosse francese, si mangiava veramente male, c'erano pochi soldi e molte bocche. Le Professeur a volte offriva un piccolo whisky di nascosto dalla comitiva e dai musulmani, mentre in tempo di Ramadan i due colossi assiri non toccavano cibo prima del tramonto ed erano di pessimo umore. Toccava a me preparare la cena.

Fare la spesa in quei paraggi non era semplice, perché eravamo nel bel mezzo della steppa. Un giorno decisi che avrei preparato degli spaghetti: accompagnata da uno degli imperatori assiri, mi incamminai su una strada bianca e polverosa, la strada maestra, per procurarmi il necessario. Dopo esserci lasciati alle spalle le mura di Dura Europos aspettammo un autobus che, traballante e sgangherato, si fermò per prenderci a bordo schiacciando dei freni rumorosissimi.

A una decina di chilometri, il mercato consisteva di alcune baracche in latta e qualche mattone, lungo una strada sulla quale svolazzavano a mezz'aria, orrendi, centinaia di sacchi di plastica neri. Ogni baracca vendeva esattamente le stesse cose: conserva di pomodoro a peso, pomodori stramaturi, pasta che sembrava quella che noi compriamo per i cani, cipolle, fagioli secchi e scatole di carne tipo Simmenthal, non di maiale, ovviamente. Comprai molti pomodori e quattro chili di pasta, alla missione eravamo più di una ventina. Per la verità Le Professeur aveva detto che lui non poteva mangiare il pomodoro, ma non sapevo con cos'altro avrei potuto condire gli spaghetti, visto che non c'era niente. Me la cavai.

Spaghetti nel deserto
Pomodori, sale, cipolla, carote, aglio, pasta, peperoncino.
Sbollentare i pomodori e passarli al setaccio, nel frattempo fare un gigantesco soffritto, con dentro quello che si trova (nel mio caso, carote e cipolla). Aggiungere il pomodoro con sale e un cucchiaio di zucchero che leva l'acido (e difatti Le Professeur era contento).

Condire la pasta dopo una ventina di minuti. Se c'è dell'olio di oliva – che in Siria si usa poco, nonostante gli oliveti di Apamea che servivano Roma –, una schizzata generosa a crudo.

Prima di lasciare la missione archeologica di Dura Europos – sito importante perché la città, dopo essere stata distrutta (nel 280 d.C. circa), non venne più ricostruita, e quindi è *leggibile* –, non voglio perdere l'occasione di offrire una ricetta babilonese.

Una ricetta babilonese? Sì.

Proviene da un testo che elenca ricette e piatti sontuosi concepiti dai Babilonesi per gli dèi, ma che finivano per essere mangiati dai gran sacerdoti, quei furbacchioni. Si tratta dei *Textes culinaires mésopotamiens*, tradotti e pubblicati dal famoso Jean Bottéro.

I Babilonesi non allevavano le galline (come facevano senza le uova?) e pensavano che il pesce fosse un cibo da poveracci, peraltro il mare era terrorizzante per loro, e i pesci di acqua dolce li consideravano robaccia. In compenso mangiavano colombe, tortore, piccioni e oche, e usavano l'aglio in grande quantità.

Va dunque provata questa ricetta che Bottéro riporta nel libro. Si chiama:

Amursanu
(Brodo di piccione, assai apprezzato.)

Spennare un piccione, lavarlo bene, pulire gli intestini in acqua fredda.

Il piccione viene messo a bollire in un pentolone, assieme ai suoi intestini. Aggiungere poi un pezzo di montone. Ricoprire con sale e mettere in un tegame con grasso, aceto, alcuni porri, spezie pestate insieme a cipolle e un po' di acqua.

Far cuocere.

Il brodo può essere consumato anche separatamente.

Fare molta attenzione alla presentazione del piatto: da un

lato si mette un impasto di *saska* (farina di orzo), latte e aglio pestato uniti al sugo di cottura, dall'altra il piccione e il montone cotti coperti dalla pasta condita con aglio, verdure e aceto.

Nessun amursanu venne servito a Dura Europos, che non era una città ricca come Babilonia, bensì una "semplice" stazione di commercio (per quanto fortificata) lungo la Via della Seta.

10.

Era il 2004 o il 2005 e stavo lavorando per Asmā al-Assad, moglie del presidente siriano e una potenza di suo, all'organizzazione di un festival delle arti che avrebbe dovuto svolgersi nel 2008, quando Damasco sarebbe diventata capitale della cultura araba.

Avevo avuto il nullaosta dalla signora Assad per visitare alcune delle missioni archeologiche nella valle dell'Alto Khabur, culla delle religioni, della scrittura, della civiltà. È solcata da enormi fiumi che nel passato erano l'unica via di comunicazione e le cui acque irrigavano una terra molto fertile.

Qualche volta veniva con me mio marito, che la signora Assad aveva voluto incontrare e che definì *incredibly English*: anche lei aveva subìto il fascino distratto di Hugh. Asmā stessa – viso intelligente e voce da incantatrice persino in arabo – non scherzava quanto a charme, io stessa ne ero stata vittima.

All'aeroporto di Hassaké, nella Mezzaluna fertile (Alta Mesopotamia), venne a prenderci Abdullah Mustafà. Ci aspettavano oltre cento siti archeologici di immensa importanza e risalenti a etnie diverse (curdi, arabi, siriaci, assiri e yeziti), non ci saremmo annoiati.

Rotondetto e d'aspetto arabo, Abdullah Mustafà era allegro e simpaticissimo; non aveva nulla del siriano, rideva, prendeva le cose con leggerezza e, con i mustacchi alla d'Artagnan, si può proprio dire che se la rideva sotto i baffi. Gli ordini presidenziali gli avevano rotto le uova nel paniere: due giorni dopo il nostro arrivo era fissata la cresima, o qualcosa del genere, della sua figlia maggiore – la vedemmo in foto e aveva baffi spioventi quasi come quelli del padre – nella chiesa maronita ortodossa.

Avremmo passato una giornata a Emar, scavo di una città importantissima dell'età del Bronzo, poi ci saremmo spostati in un sito ittita dove stava lavorando una missione belga (avevano trovato, tra varie tavolette, una che raccontava come fare la birra) e dove avremmo trascorso la notte; saremmo poi rientrati a Hassaké in tempo per la cerimonia della figlia e la festa di famiglia... Volevamo andare anche noi? Non c'era verso di dire di no, per Abdullah la festa era ben più importante di un sito ittita o babilonese.

In vista della cerimonia per la figlia di Abdullah decisi che dovevo addobbarmi come potevo: non avevo portato che pantalonacci e scarpacce per camminare in mezzo alle pietre e alla polvere, così feci un giro per Hassaké, con risultati – ahimè – poco soddisfacenti. Era una sciagurata città, costruita in fretta con cementaccio già cadente e negozi che, lasciato il bazar con nostalgia, vendevano roba incomprabile, quasi tutta *made in China*. Stupidamente mi ero ostinata a cercare delle scarpe, ma non trovai che cuoio indurito e inadatto.

Dopo la cerimonia, che aveva avuto luogo in una chiesa simile a quelle russe ortodosse, con bambine vestite a festa in colori sgargianti, un pasto fastoso in un albergo di plastica e cemento. Era una zona, però, in cui si mangiava benissimo: da lì erano passate le grandi civiltà dell'antichità, incluse la seleucide e la persiana. Ma la frettolosa costruzione di alloggi per i nomadi che a mano a mano si erano urbanizzati e la dilagante burocrazia da villaggioni avevano trasformato cittadine come Hassaké, Qamishli e Deir el-Zor, che contavano ormai mezzo milione di abitanti e più. Nusaybin – tagliata in due dalla frontiera turco-siriana, città storica di scuole teologiche oltre che di scontri e massacri, con monumenti proto-bizantini ma anche persiani e assiri, che avevo per anni cercato, invano, di visitare – era in uno stato di totale abbandono; cumuli di reperti archeologici erano ammassati vicino alla frontiera o addirittura *sulla* frontiera, dove circolavano guardie turche, soldati siriani e ragazzini che cercavano di venderti pezzetti di ceramica antica.

Era in quel territorio, comprendente le città di Urfa e Mardin, che Abramo aveva passato gran parte della sua lunga vita.

Mardin, in territorio turco, che avevo visitato più volte quando ero in Turchia per un documentario della BBC, era un gioiello di architettura, con case che sembravano decorate con il merletto. Secondo Michael Rogers, allora specialista di arte islamica al British Museum, la città più bella del mondo. Mi dicono che oggi, con le guerre tra ISIS, curdi, turchi, siriani ecc., è quasi totalmente distrutta.

Lentamente, a bordo dell'automobile di Abdullah avanzavamo in quelle terre proibite. Io avrei voluto fermarmi ogni cinque minuti, erano luoghi che avevo sempre sognato di visitare. Ma il nostro cicerone ovviamente voleva farci vedere il meno possibile, credo più per la vergogna dell'incuria generale che per ragioni politiche. Notai che, specie avanzando verso la steppa, non c'erano mercati – che esprimono pace sociale, voglia di vivere –, solo baraccacce.

Adocchiai una bancarella dove un solitario contadino cer-

cava di vendere delle melanzane. E così ne comprai un po',
non si sa mai.

Melanzane farcite al formaggio

Melanzane lunghe, sale, olio, formaggio cremoso o mozzarella tagliata a pezzetti, quattro uova, prezzemolo e origano,
pangrattato.

Tagliate le melanzane per lungo, in due, scavatele con un
cucchiaio e friggetele. Fate una crema aggiungendo alla polpa
di melanzana due uova sbattute, il prezzemolo e un pizzico
di origano, poi riempite le melanzane; sbattete le altre due
uova con del pangrattato e panate le melanzane, friggetele di
nuovo in olio bollente, fatele scolare sulla carta assorbente e
mangiatele caldissime.

Alla festa per la figlietta di Abdullah, la melanzana era risul-
tata regina. Nel menu era presente anche uno dei miei piatti
prediletti:

Baba ghanoush

Melanzane, spicchi d'aglio, sale, tahini, succo di limone,
coriandolo tritato. (Il tahini si ricava dai semi di sesamo bianco, ed è squisito.)

Cuocere le melanzane in forno finché si stacca la buccia,
quindi pelarle e strizzarle. Frullarle con l'aglio e il sale, quindi
aggiungere il tahini, il succo di limone, il coriandolo e, se
necessario, un po' d'olio di sesamo.

In effetti sono le diverse cucine mediterranee che prestano
attenzione alle verdure, forse per una questione economica:
carne e pesce sono più rari, e dunque costosi, che al Nord.
Persino nella favolosa fornace culinaria della Francia, le
verdure vengono perlopiù servite di contorno a un arrosto
o a un polletto, senza troppe storie e complimenti. Solo da

noi in Italia, in Cina e nel Medio e Vicino Oriente ricevono l'attenzione che meritano.

Ai francesi non puoi togliere la Légion d'Honneur per la patata, e in effetti nessuno ha inventato più modi deliziosi di cucinarla, mentre per noi – di certo per me – è lo spaghetto il re della cucina; per tutti e due – patata e spaghetto –, secondo me, non c'è posto, specie nella pancia.

Già nell'antichità, nel *De re coquinaria* il cuoco-anfitrione Apicio dava molta importanza alle verdure: ogni piatto a base di verdura non è un mero contorno, è una pietanza a sé, profumata, aromatica.

Per il sedano

Mio padre lo amava molto. Io lo uso in abbondanza nel soffritto. È squisito (e pare sanissimo) se gli date una sbollentata con un po' di sale e poi lo ripassate al burro con una grattugiata di parmigiano.

Apicio, che in genere profuma le verdure con l'origano, propone invece: tagliare il sedano, che è un bestione, a pezzetti, frullarli con pepe, cipolla, pasta di acciughe (invece del *garum*) e olio d'oliva. Cuocere in tegame per una decina di minuti.

I sacerdoti, che avevano officiato, in aramaico, la cerimonia religiosa per la bambina di Abdullah e le sue amichette, portavano un cappello nero vagamente rinascimentale e avevano barbe nerissime. Sul sagrato della chiesa scambiammo rispettosi saluti – in che lingua non ricordo, forse in nessuna, ma quando ci sono buon volere e allegria lo si sente, da tutte e due le parti; ed era una cosa rara, quella, in Siria.

A Hassaké visitammo un museo che sembrava una pensione in disarmo, vuoto tanto di visitatori che di manufatti.

«Portano tutto a Damasco» si lamentò Abdullah Mustafà, ma ci informò con fierezza che un altro museo era in costruzione, enorme. In effetti, poi, lo sapevo io come lo sapeva lui, molta roba di scavo spariva, venduta – una tragedia, perché se manca la provenienza non rimane che l'oggetto nudo e crudo, spesso di scarso valore artistico ma, se collegato al suo sito e al suo strato di provenienza, di grande importanza archeologica e storica.

Quella sera invitammo Abdullah Mustafà a cena con un suo amico, la spia – diciamo l'informatore – che teneva d'occhio tanto lui che noi; andammo in un ristorante dove mangiammo benissimo. Posto orrendo, chiasso, ma atmosfera allegra, molto frequentato, orchestrina, ballo, veramente poco a che fare con la Siria e con il buio di Aleppo. Persino la spia, con la quale ballai un foxtrot, era simpatica.

Mangiammo meravigliose *meze*, tra le quali bottarga di pesce d'acqua dolce.

Molto popolare e apprezzata nei paesi di mare dove erano sbarcati gli arabi (come Orbetello), la bottarga si fa con uova di pesce, generalmente di cefalo ma anche di merluzzo.

Orbetello, circondata dalla laguna, secondo me era in origine un centro fenicio – due porti, saline, laguna e pietre andate distrutte quando, abbastanza recentemente, sono state rifatte le mura verso l'Argentario. La bottarga si mantiene a lungo ed è preziosa durante i lunghi viaggi di mare, propri dei Fenici: i sacchetti di uova di pesce, seccati al sole e salati, mantengono infatti le loro preziose sostanze nutritive. Platina descrive la *butarhah* nel *De honesta voluptate* (1474), ma sappiamo che la consumavano nei pressi del delta del Nilo già nel X secolo a.C.

Batareh (bottarga)

Su fettine di *pitta* calda, servite la bottarga tagliata a fettine finissime inzuppate in olio d'oliva, spruzzate di limone e pepe; potete aggiungere fettine di cipolla dolce tagliate fine.

La bottarga è squisita anche come condimento degli spaghetti, grattugiata. Platina lo sconsigliava. Io no.

Tra le molte missioni che visitammo, ognuna delle quali famosa nell'antichità e citata dai testi, una rimarrà per me indimenticabile. Mentre delle altre avevo letto e sapevo, del sito che stavamo per visitare conoscevo poco.

Lo scavo, mi informò Abdullah Mustafà, lo stava conducendo a spese proprie un archeologo svizzero. Aveva costruito un paio di bungalow: uno lo usava per studiare i reperti, nell'altro, con una piccola cucina ma senza elettricità, dormiva. Era convinto, l'archeologo, di aver scoperto la capitale del regno di Mitanni, Wassukanni, che in verità ancora oggi non è stata localizzata.

Quando arrivammo non c'era nessuno e i due bungalow erano chiusi. Improvvisamente, quando ormai ci eravamo stancati di aspettare – c'erano tanti siti importantissimi che volevo visitare –, in sella a un cavallo bianco si presentò l'archeologo svizzero, una specie di donchisciotte alto e magro, come tutti i donchisciotte del resto (io lo vedo come l'ha disegnato Daumier). Si scusò del ritardo, in seguito a una perdita d'acqua i bungalow della missione erano in disordine e aveva fermato gli scavi. Poco dopo arrivò il suo aiutante, a bordo di una Volkswagen antica quasi come Wassukanni. L'archeologo ci invitò a seguirlo, voleva mostrarci il palazzo reale: ci indicò una montagnola a destra, che guardassimo con attenzione, si vedevano gli scalini, gli enormi scalini, e il povero aiutante fu spedito su per il tumulo per sottolineare il disegno a noi invisibile degli scalini e del palazzo. Il nostro Abdullah Mustafà, intanto, ci faceva capire a gesti che neanche lui riusciva a immaginare il palazzo reale del regno di Mitanni.

Dall'altra parte sorgeva il tempio, non c'era dubbio che i grandi tumuli celassero dei palazzi, ne avevamo ormai visitati diversi sulle rive del Khabur, tributario dell'Eufrate. Numerose città erano state costruite sulle strade maestre rappresentate dai fiumi: come poteva il nostro donchisciotte arrivare alla conclusione che questa fosse proprio Wassukanni, la misteriosa capitale del regno di Mitanni, genti indoeuropee ma di lingua urrita?

Wassukanni era stata conquistata e distrutta più volte, era improbabile trovare qualcosa di davvero convincente, e comunque lì c'era da scavare per decenni. Secondo molti le rovine dell'antica capitale erano a Tell Fekheriye, secondo me facevano parte dell'enorme sito di Tell Brak.

Di ricette mitanniche posso dirvi poco, anzi niente, ma voglio raccontarvi una ministoria di questi popoli indoiranici che avevano aiutato gli Ittiti con i loro carri da guerra. Intanto va detto che quasi certamente Nefertiti era una principessa mitanna, lo dice il nome (*Nefer*, "bellezza", e *titi*, "dal di fuori"; o anche "la bellezza è arrivata"), e anche i lineamenti della bellissima regina sono indoeuropei, nello stupendo busto custodito al Neues Museum di Berlino. Nelle lettere di Amarna – un lotto di circa trecentottanta documenti, redatti in cuneiforme su tavolette di argilla rinvenute nel 1887 nel Medio Egitto, ad Amarna, appunto – si trovano molti riferimenti alla parentela tra le due case reali, e re Tushratta si lamenta che i doni egiziani scarseggino in qualità. La principessa, intelligente e amatissima dal faraone che ne fece la sua prima e principale moglie, avrebbe poi introdotto elementi di una religione quasi monoteistica, con un Mitra che era il Sole, la Luce.

Andammo anche a visitare Tell Barri: lì era sorta la città di Kahat, abitata già nel IV millennio a.C., dove morì in un incidente il bravo archeologo Paolo Pecorella, cadendo da un picco. Anche Ahat, costruita su un fiume tributario del Khabur, era appartenuta a Mitanni, per poi essere conquistata dagli Ittiti e quindi dagli Assiri. In quella zona gli imperi nascevano e morivano, imperi e imperatori si facevano a pezzi.

Una delle ragioni principali era la conquista dell'acqua, dunque della viabilità e dell'agricoltura, del cibo.

11.

Uno dei siti archeologici più famosi nella zona dell'Alto
Khabur è Tell Brak. Cumuli di rovine di città antichissime,
luogo sacro di pellegrinaggio, il tempio degli occhi (chiamato così perché ospitava una grande quantità di statuine
d'alabastro dagli occhi enormi), scavo anglosassone, è stata
definita la "città più antica del mondo". Del resto l'archeologa che ci accolse, la favolosa Joan Oates, anche lei
antichissima, aveva da poco scovato un leone (simbolo di
regalità) in porfido grigio dell'VIII millennio a.C. Vedova di
David Oates, grande archeologo cambridgiano, Joan era alta,
magra, spartana e deliziosa. Aveva ottant'anni ma trottava su
e giù dal *tell* come se ne avesse avuti diciotto, conducendoci
da una parte all'altra.

Passando vicino a una casupola costruita presso la strada
bianca, Abdullah Mustafà ci avvertì: «Qui vivevano Max
Mallowan e Agatha Christie, ne faremo un museo».
   «Un museo?» chiesi incredula. «E perché?»
   Il culto della celebrità dilagava anche in Assiria.
   Agatha Christie era stata da poco abbandonata dal primo
marito quando Mary Berenson, moglie di Bernard Berenson,
scrisse a Sir Leonard Woolley, il grande archeologo di Ur: la già
famosa scrittrice di gialli, da sempre appassionata di archeolo-

gia, era depressa. Per divertirla e distrarla, Woolley la affidò al suo giovane aiutante Max Mallowan, che la portò in giro per la Mesopotamia per poi sposarla, lui molto più giovane e lei non avvenente, ma probabilmente adorabile.

Sappiamo che Agatha aiutava ed era parte attiva della missione anche come archeologa; passò molto tempo a Tell Brak e a Ur. Ad Aleppo era ospite del famoso Baron Hotel (dove scesero anche Lawrence d'Arabia, Gertrude Bell e, più modestamente, la sottoscritta) e forse fu felice con Mallowan. Però, come morì, in quattro e quattr'otto lui sposò la segretaria.

Eravamo assetati e affamati; io sognavo un gin tonic, ma era ovvio che la missione non aveva soldi neanche per l'acqua – erano gli anni di Tony Blair e l'archeologia era l'ultimo pensiero dell'amministrazione britannica.

Joan Oates ci offrì un bicchier d'acqua e un biscotto a testa, povera, adorabile Joan, che viveva in quel luogo sperduto e monumentale con un'alunna americana alta come lei e uno studente giovanissimo.

12.

Non lontano da Qamishli, una diga sul Tigri stava creando
un lago con pesci enormi, gli stessi che compravo al mercato
di Aleppo. I turchi hanno la mania delle dighe che succhiano
acqua dal Tigri e dall'Eufrate lasciando a secco le terre più
a sud – una delle ragioni del grande conflitto con la Siria.
L'acqua è il petrolio di domani.

Anche di oggi, aggiungo io.

Non sono un granché, questi pesci, non sono esattamente
carpe ma sembrano parenti stretti.

Pesci giganti di acqua dolce
Prima di tutto lavarli bene perché sono un po' fangosi, e
spinarli – magari aiutandosi col vapore – perché sono pieni
di spine.

Cuocerli al cartoccio o in una teglia coperta, con l'enorme
pancia riempita di erbe profumate – la menta, per esempio,
tritata assieme ad aglio, sale, olio e pepe (in Siria il rosmarino
è introvabile). Ottimo aromatizzarli con del vino bianco: ad
Aleppo trovarlo era molto difficile ma non impossibile, nel
quartiere cristiano in cui vivevo io.

Per arrivare a Nemrut Dağı, la montagna su cui sorge la
tomba di Antioco I (69-36 a.C.), re di Commagene, Hugh

e io avevamo scelto una strada che, studiando la mappa, mi sembrava tagliasse un complicatissimo intrico di vie. Mi sbagliavo di grosso, come avremmo scoperto ben presto, ma intanto avanzavamo in mezzo a colline deserte e meravigliose. Ci fermammo all'imbocco di un ponte romano: era in condizioni perfette, con le colonne che l'ornavano ai lati. Ci passavano giusto qualche camion pesantissimo e un paio di pastori seguiti da enormi greggi. Il torrente che solcava la vallata riempiva le rocce di spuma gelata e di schizzi, una meraviglia. Restammo a lungo seduti a contemplare lo spettacolo, e soltanto a malincuore ci decidemmo infine a rimetterci in macchina.

Senonché, dopo pochi chilometri, fummo costretti a fermarci: la strada asfaltata finiva davanti a noi, con un tuffo dentro un nuovo lago formato dalla diga – nessuno ci aveva avvisato, neanche la carta stradale. Ci guardammo attorno. Che fare? Per fortuna, c'era un casolare. Ci dissero che avevamo due possibilità: o tornare indietro e rifare tutto il giro (sei-sette ore), oppure aspettare, prima o poi sarebbe arrivato il traghetto (mezz'oretta? Un paio d'ore? Probabilmente quattro). C'erano dei pescatori che da quelle acque tiravano su pesci giganteschi. «Con la diga i pesci sono impazziti» mi spiegò uno di loro.

Finalmente noi e l'automobile, caricati sulla nave-traghetto, prendemmo la via che ci avrebbe portati a Nemrut Dağı, una montagna-santuario dov'era sepolto, in un complesso monumentale famoso, bellissimo e quasi inaccessibile, il re Antioco I, erede di una satrapia seleucide; eravamo nel Commagene, l'antico regno di gente persiano-seleucide (163 a.C.-72 d.C.), oggi quasi completamente curdo.

Ci fermammo a Adiyaman per comprare un picnic da consumare in montagna: il viaggio per Nemrut Dağı era lungo e sulla strada non avremmo trovato nulla di nulla; nel negozietto, affollato da uomini baffuti, c'era poco: *pitta*, biscotti e grandi vasi di plastica bianca.

«Cosa sono questi?» chiesi a gran voce, e mio marito rispose: «Yogurt dei curdi, *best yogurt of the kurds*».

Su quello, l'intero negozio lo acclamò: aveva pronunciato la parola proibita della quale tutti quegli omoni andavano fieri. Hugh divenne il re di Adiyaman. Ci chiesero dov'eravamo diretti e, saputo che la nostra meta era Nemrut Dağı, ci dissero che ci conveniva lasciare l'automobile: potevamo prendere un bussino che sarebbe partito l'indomani. Insistettero: la strada era pericolosa, chi avrebbe guidato? La donna? (Io.) Ma eravamo pazzi? Squadrando Hugh decisero che, casomai, avrebbe dovuto essere lui, il marito, il maschio, al volante – io invece, che della guida di Hugh non mi fido per niente, decisi tra me e me che ce l'avrei fatta.

Devo confessare che la stradina ripidissima che portava al mausoleo del re (riscoperta nel 1881) mi fece in effetti abbastanza paura, anche perché, avessimo incontrato un veicolo che veniva dalla parte opposta – ma che dico un veicolo, un volatile – non ci sarebbe stato verso di trovar spazio per due.

Chi non è stato a Nemrut Dağı, o non l'ha almeno vista in fotografia, non può immaginare la grandiosità del paesaggio e del monumento: è indimenticabile, fatale, possente. E, guardando le colossali teste gettate nel corso dei secoli sulle sacre terrazze dalla violenza dei terremoti, si pensa all'invisibile vendetta del tempo, a *Ozymandias*.

Su per una strada più o meno perpendicolare arrivammo a una stazione-bar. Faceva freddo, prendemmo del tè e poi continuammo a piedi per una ventina di minuti. Era aprile, ma sulla terrazza, incastonata tra le rocce scolpite, c'era ancora la neve. E sulla cima, a 2100 metri, l'immenso mausoleo era innevato, le gigantesche statue delle divinità del Commagene, persiane e greche, alcune delle quali decapitate dai terremoti, Anahita/Flora/Nike infiorata, Mitra/Sol Invictus/Elios e l'aquila gigantesca di Ahura Mazdā/Jupiter/Oromande montavano la guardia alla tomba chiusa dentro una montagna formata da migliaia di sassetti, impossibile da penetrare: ci avevano provato per secoli, ma scavi un buco e crei una valanga. La grandiosa tomba di Antioco (c'è adesso chi pensa sia del padre Mitridate) si trova nella catena del Tauro, una serie di montagne desertiche inaccessibili dove regnano il silenzio e l'aquila reale. Era di religione zoroastriana quella gente, e difatti le immense statue rappresentano Mitra, Anahita e Ahura Mazdā.

Le due vaste terrazze che si aprivano sul monte del mausoleo erano vuote, non c'erano turisti: apparve poi un fotografo, seccatissimo per la nostra presenza. Non che mi desse particolarmente fastidio, essere soli con Anahita e Ahura Mazdā, in quel mondo persiano-ellenistico, camminando sulla neve, in cima al mondo, con sotto gli occhi un panorama infinito; al contrario, era un'idea che mi piaceva.

Decidemmo che era più prudente scendere prima che facesse buio e poi, ai piedi della montagna, cercammo un prato dove consumare il nostro picnic.

Picnic di Nemrut Dağı
Tagliare della *pitta* per lungo e poi in due. Riempirla con foglie di insalata ben lavata, fettine di cetriolo sbucciato e formaggio di capra.
Fette di *halva*, dolci fatti con il miele e la pasta di sesamo.
Riempire delle foglie di lattuga con yogurt, peperoncino e uvetta.

Passammo poi tra gallinacce e strade che sparivano per l'antica Samosata e per Arsameia, fermandoci ad ammirare meravigliosi bassorilievi dei quali non sapevamo nulla. Molte delle lapidi dalle forme elegantissime erano incise con caratteri greci; Eracle che stringe la mano al re (Antioco o Mitridate), a volte è Mitra. In mezzo ai bambini che ci rincorrevano, sorpresi dalla nostra presenza, spesso eravamo spaventati perché la strada spariva tra un muretto e un monumento. Un paradiso.

Sciopero
dei lavoratori
ospedalieri,
Charleston,
1969

Gaia con
Owen e
Allegra, 1972

Al Madhouse
Grill, 1976

Di fronte al
Cremlino, 1961

Parma, 1953

Samarcanda, 1962

Zagorsk, 1962

Palermo, 1957

Sulla frontiera tra
Israele e Siria, 1967

Algeria sahariana,
1977

Ritratto del 1970

Foto di Terence
Donovan, 1966

Nel deserto siriano,
vicino a Palmira, 2005

Nel Northumberland,
1964

Irkutsk, 1971

13.

Avevo preso un impegno con me stessa: «Ogni anno, a Venezia e a Istanbul». Invece non ci vado da oltre due anni, sia lì che là.

A Venezia il mercato del pesce a Rialto è tuttora una gioia, con i baretti dove si va a bere un goccio (una volta mi venne anche chiesto se gradivo del Marzimino, cosa che mi riportò con commozione al *Don Giovanni*, «eccellente Marzimino»; del resto Lorenzo Da Ponte veniva da quelle parti) e a mangiare *bigoeti*, pesciolini e polentine.

Di Istanbul amo il grande cocktail di bizantino, ottomano, veneziano, e in quei caffè pigri, con gli omoni in gilet di lana che fumano il narghilè, mi sento stranamente a casa. Naturalmente adoro i suk, dove compro tonnellate di spezie, pantaloni morbidi con il cavallo alla caviglia – come quelli delle raccoglitrici di cotone (di cotone anche loro, a fiorellini) – e teli da hammam.

Mi trovavo a Istanbul nei primi anni Ottanta e avevo telefonato a un attempato *gentleman* turco, colto e molto interessante; mi disse che mi avrebbe portato «in un ristorante non elegante, ma di ottima cucina antica». Ci andammo in taxi.

Si trovava dall'altra parte del Bosforo, sulla punta, una catapecchia di legno sul mare, ed era specializzato in cucina bizantina: indimenticabile sia per l'atmosfera sia per la qualità del cibo.

Tornai dopo un anno o poco più, cercai, ma non ritrovai più quella taverna di legno cullata dalle acque del Bosforo: era stata distrutta come tanti altri vecchi, meravigliosi edifici.

Ecco uno dei piatti che avevo assaggiato in quella sera lontana e che ho rifatto a memoria.

Muscoli, cozze, o che dir si voglia, farciti

Un paio di manciate di riso cotto in brodo con una cipolla rossa tagliata fina e molto prezzemolo, sale, pepe. Scegliere i muscoli più grossi, aperti al vapore, disporli sulla griglia del forno e ricoprirli con il riso mescolato a un etto di pinoli, una manciata di uva passa affogata nel vino e due uova sbattute. Una spolverata di pan grattato e olio d'oliva. Cuocere quindici minuti a 200 °C.

Ottimo anche con il riso allo zafferano.

Al mercato di Istanbul si trova, per l'appunto, eccellente zafferano (attenzione a non confonderlo con la curcuma, benefica per la salute, meno per il risotto). Anche l'Italia produce zafferano di prima qualità, ma quello persiano o marocchino è migliore. Il colore giallo nelle pietanze è segno di festa, ricchezza e buona fortuna – in tutto il Medio Oriente e anche in India.

Le *meze* in Turchia sono migliori che in Grecia – dove si mangia male e in modo monotono. Naturalmente non bisogna dirlo, se no ti ammazzano; e guai a ordinare un caffè turco in Grecia, anche se viene servito e preparato alla turca.

«Un caffè greco, per favore...»

Caffè alla turca

Ci vuole quel pentolino di rame dentro il quale metti una cucchiaiata di caffè in polvere, va benissimo il Lavazza. Zucchero a montagne e un pizzico di cardamomo. Deve bollire lentamente ed essere servito bollente.

Un piatto popolare che preparo spesso è la *taramosalata*.

Taramosalata

Pane bianco, latte, uova affumicate di merluzzo, tre spicchi d'aglio, un quarto di cipolla dolce, succo di due limoni, olio d'oliva.

Il pane va bagnato nel latte e frullato; aggiungere poi le uova di pesce, l'aglio e il resto degli ingredienti.

A volte aggiungo anche un uovo intero a crudo, per rendere il tutto più compatto.

Si serve insieme ad altre *meze*, come l'insalata di cetrioli e yogurt, anche col salmone affumicato.

Insalata di cetrioli

Piccoli cetrioli sbucciati e tagliati a bastoncini, sale, aglio a piacere, yogurt, pepe, menta tritata. Mescolare lo yogurt al trito di aglio e menta, salare e pepare, quindi versarlo sui cetrioli.

Tempo dopo tornai in Turchia per conto della BBC, bisognava girare un documentario sulla diga che avrebbero dovuto costruire sul Tigri, a Hasankeyf. Volo British Airways fino a Istanbul e cambio per Diyarbakır, l'antica Armida, fortezza romana costruita per tener lontani i Medi – ci voleva altro – e primo porto sul Tigri, che da quel punto diventava navigabile. Più avanti, a una trentina di chilometri da Diyarbakır, per l'appunto a Hasankeyf, c'è un grande ponte romano con i suoi torrioni – probabilmente mentre leggete sarà già sparito, spazzato via dalla violenza dell'acqua. L'amarezza per la distruzione di un sito fantastico aumenta se si pensa che quella diga sarà dannosa, che molta gente è stata costretta ad abbandonare la propria casa con la forza, che insieme alle mura assire, alle grotte nella montagna e ai tempietti è andata distrutta per sempre una storia non ancora raccontata.

All'aeroporto di Istanbul non era arrivata la mia valigia con tutto il mio apparato da archeologa, scarpe, pantaloni ecc. Mi dissero che la valigia era rimasta a Londra – colpa della British Airways –, comunque sarebbe arrivata.

Feci finta di crederci, tanto più che non avevo scelta: mi stava aspettando il volo per Diyarbakır, dove avrei incontrato la deliziosa archeologa Louise arrivata da Ankara.

Louise Schofield, alunna del famoso Moses Finley, insegnava a Oxford e dirigeva varie missioni, tra le quali una importantissima in Turchia. Non ci eravamo mai viste in vita nostra, era un vero e proprio appuntamento al buio. E invece della solita archeologa che generalmente potrebbe essere scambiata per un sacco di patate, mi ero trovata davanti una bionda con la frangetta, tacchi altissimi, una sottanina di paillettes. Un'eccentrica carinissima e molto simpatica, la professoressa Louise.

Diyarbakır era bellissima, con una cinta di mura romane in pietra nera quasi intatte e una moschea che lasciava intuire il sottostante tempio romano; in più, Diyarbakır era curda, e a me i curdi sono simpatici, ma guai a dirlo: i turchi proibiscono l'insegnamento della lingua, perfino la parola "curdo", ogni traccia della loro esistenza. Eppure i curdi sono poco più di dieci milioni. Oltre un decimo della popolazione della Turchia.

In un caravanserraglio scomodo ma meraviglioso, mi svegliai la mattina presto e uscii: al mercato vendevano oltre un centinaio di tipi di yogurt, scesi dall'altopiano insieme ai pastori.

Una festa.

Melanzane allo yogurt

Tagliare le melanzane a fette, per lungo (prima dovevano essere lasciate a bagno nell'acqua salata per due-tre ore per togliere l'amaro, ma le nuove varietà non ne hanno bisogno), salarle, grigliarle con pochissimo olio. Metterle su un piatto e ricoprirle di yogurt. Io aggiungo un po' di peperoncino e origano.

14.

Alcuni libri di cucina sono come certe riviste di moda: chi mai indosserebbe quegli abiti che persino addosso alle modelle bellissime risultano assurdi? E anche le modelle, poverette, che pesano mezzo chilo l'una, belle in fotografia, ma da vicino dei mostri... Ormai del resto vanno di moda le modelle brutte, i vestiti brutti, le fotografie scattate in scantinati putridi ecc.

Chi mai di noi andrebbe in giro con pantaloni senza ginocchia, piume sulle scarpe, tacchi alti mezzo chilometro e colori pappagalleschi? Neanche le Anne Wintour del momento si fanno vedere con quella roba addosso. Ricordo come, a una sfilata di moda maschile, a Milano, Inge Feltrinelli (che mi ci aveva portato) scoppiava in fragorose risate ogni qualvolta usciva da dietro la tenda un giovanotto mascherato di paillettes, i pantaloni con una gamba più lunga dell'altra.

E come i corpi, anche i cibi in video subiscono una trasformazione: sotto i riflettori televisivi, delle semplici polpette diventano dei Partenoni colorati, i piatti vengono presentati come se fossero Marlene Dietrich; per fotografare il cibo a volte lo colorano con l'acquerello; oppure è di plastica. Né commestibile, né riproducibile a casa.

A un certo punto, come ho detto, mi era stato affidato l'incarico di recensire ristoranti per *Harpers & Queen*: questo perché avevo scritto degli articoli sulla storia della cucina e avevo scovato a un'asta di Christie's il libro di ricette della moglie di Oliver Cromwell (la zuppa inglese, per esempio, Mrs Cromwell la faceva senza cioccolato). Avevo inoltre scritto delle violette di Parma candite e del parmigiano, re dei formaggi amato da Samuel Pepys.

«Che devo fare? Come si fa a recensire i ristoranti?» chiesi al mio direttore, il geniale Willie Landels. La risposta fu: «Fai come ti viene, non c'è una regola».

Il guaio era che invece le regole c'erano, anche se io, tonta, tardai a capire. Per esempio, pensavo che avrei dovuto scovare dei posticini sconosciuti, invece un glutinato-patinato come *Harpers* voleva i grandi nomi, quelli che facevano chic, dove quel che contava era essere visti, e non quel che ci si ritrovava nel piatto. Bisogna anche dire che in Inghilterra, negli anni Ottanta, il concetto stesso di ristorante era una novità. C'erano i grandi alberghi con ottima cucina, il Connaught, per esempio, o il Claridge's, oppure i ristorantini di solo pesce, ma l'idea di andare a cena fuori per mangiare qualcosa di diverso, per mangiare bene, era aliena. Si andava da Wilton's, a St James's, per esser visti e per vedere la principessa Margaret.

Enzo Apicella, un napoletano geniale che viveva a Londra da sempre senza aver mai perso l'accento e la verve campani, aveva inventato il ristorante italiano moderno. Non più il fiasco polveroso e il quadretto del Vesuvio, pizza e mandolino. Il nuovo ristorante italiano rispecchiava la nuova Italia; era moderno, bianco, elegante, si mangiavano spaghetti con salse squisite, improvvisamente il cibo italiano era diventato di moda. Nei ristoranti di Enzo, che era sordo come una campana, non c'era un cencio che potesse assorbire il rumore, per cui la conversazione era per forza di cose inesistente, ma tutta la Londra bene si gettò sul modello Apicella, tutti lo copiarono. Nel frattempo erano arrivati anche i francesi, con il ristorante di mare Le Suquet, e poi c'erano i fratelli Roux, che con Le Gavroche lanciarono definitivamente la buona pappa francese.

Purtroppo gli inglesi considerano maleducato criticare il cibo, oppure non si pongono proprio il problema – mai visto un inglese rimandare un piatto in cucina –, cosicché, una volta scoperto che uno spaghetto scotto e uno al dente per il cliente inglese sono la stessa cosa, i nuovi ristoranti si lasciarono andare. Ricordo come, in un famosissimo ristorante italiano, non riuscii ad avere dell'olio d'oliva sulla mia insalata mista.

Mi arrivò di tutto, persino un olio di semi di un colore misterioso.

«Mi scusi» dissi al cameriere, «ma sono italiana. Mi dica che non avete olio d'oliva, oppure mandate qualcuno a comprarlo, distinguo bene il sapore dell'olio di semi da quello dell'olio d'oliva».

Naturalmente l'olio d'oliva quasi non esisteva, e io lo scrivevo, a tal punto che venni soprannominata "Quella dell'olio d'oliva".

Ci sono alcuni piatti italiani che senza l'olio d'oliva non possono esistere, così come molti piatti francesi non possono essere preparati senza il burro – del buon burro. Non tutto il burro è buono, come non tutto l'olio d'oliva è buono, anche in questo c'è il piacere della scelta... Sì, siamo viziati, e in fondo perché no?

Per il mio incarico, dovevo "coprire" quattro-cinque ristoranti al mese. Nessuno era contento che io andassi a cercare la bettola cinese o il buco thailandese, buono e a buon mercato, e ne scrivessi. Volevano Wilton's, dove andava Lucian Freud e dove si mangiava male, se ne facevano quasi un vanto. Oppure Madame Prunier – dove in effetti invece si mangiava benissimo, il soufflé all'aragosta era famoso –, frequentato da Charlie e Oona Chaplin o da Alec Guinness.

Non era facile trovare buoni ristoranti a Londra. Era ancora più difficile parlarne.

Prenotavo con un altro nome, ma quando arrivavo mi riconoscevano e non mi facevano pagare – così non andava bene.

Una volta scrissi che in cinque, al ristorante X, costoso e alla moda, avevamo ordinato diversi piatti ma le salse erano le stesse per ogni portata. I proprietari fecero causa a me e al giornale; io avevo dei testimoni, i miei invitati e convitati, eppure vinse il ristorante.

A volte chiedevo, alla fine del pasto, di incontrare il cuoco: come mai il salmone era cotto in quel modo? Come spesso succede, in particolare nel mondo anglosassone, ogni ristorante aveva la sua clientela speciale: quelli attorno a Westminster erano frequentati da deputati e ministri, quelli vicino a St James's dall'aristocrazia (Green's apparteneva al cognato di Camilla, oggi duchessa di Cornovaglia, ed era un posto delizioso, cibo così così ma non contava). C'erano poi i ristoranti frequentati dai sindacalisti, e ovviamente si mangiava all'inglese: la carne era squisita, anche se i tagli non erano i nostri, il pesce meraviglioso, con sogliole che sembravano squali, le famose *Dover Soles* servite in una catena di ristoranti deliziosamente eccentrici, i Wheeler's.

Dover Sole meunière

Burro abbondante appena sciolto nel tegame, la sogliola leggermente infarinata, un po' di prezzemolo; a fine cottura, vino bianco. Vino buono.

Dover Sole Florentine

Al burro aggiungere mezzo scalogno tagliato fino, quando la sogliola è quasi cotta (dipende dalla grandezza, ma provare a passare la lama di un coltello che dovrebbe staccare la carne dalla lisca, se il pesce è pronto), mettere una manciata di spinaci già cotti – non quelli congelati. Aggiungere burro.

Servire la sogliola sfilettata.

La meraviglia del mare che bagna il Regno Unito, specie nell'Essex, in Cornovaglia e in Irlanda, è l'ostrica.

Un giorno lessi che si potevano ordinare al telefono (eravamo in epoca pre-wi-fi) e cominciai a farmele mandare, diventai una brava apritrice di ostriche. Ne avevano di varie qualità.

«Mia moglie detesta mangiare sei ostriche al ristorante, lei ne vuole almeno una dozzina, anche per *breakfast*» raccontava divertito mio marito.

Avevo un grande amico a Cambridge, l'economista Robert Neild. Viveva a Trinity, il college più bello di Cambridge, città universitaria che amo in modo particolare. Si prendeva cura del suo maestro, il professor Piero Sraffa, che ormai stava male, ci vedevamo spesso. Era un meraviglioso eccentrico, Robert (come del resto Piero Sraffa), aveva scritto la storia delle ostriche e del loro consumo. Lanciò il libro con un party fantastico alla Worshipful Company of Fishmongers, vicino al London Bridge, un posto notevole.

Come arrivai, vidi tavolate cariche di ostriche meravigliose, di varie specie – le Natives, le Rochester – e misure. Non solo mi misi a mangiarle, mentre molti degli invitati se ne stavano inorriditi, scostati, lontanissimi – le ostriche erano ostiche a gran parte degli inglesi –, ma cercavo anche di riconoscerne la *provenance*, come si fa con i vini.

Chiesi: «Da dove vengono queste?»

Sì, erano quelle dei miei fornitori, con i quali in seguito feci amicizia. Mi confessarono che erano convinti che io fossi un ristorante italiano, vista la quantità di ostriche che ordinavo. Siamo rimasti amici. Con Tristan – allora un ragazzino, oggi un uomo, viene dalla Cornovaglia – spesso chiacchieriamo.

Le ostriche arrivano in cestini alle sei di mattina, niente

dopo aprile, e si ricomincia in settembre... Quelle grosse le cucino, ci sono molti modi di cucinarle. Non so se esista ancora, ma nella City c'era un pub sofisticatissimo dove si bevevano cocktail speciali e si consumavano ostriche grigliate in vario modo, anche con i datteri.

Ostriche al forno

Scegliere le ostriche grosse, fare una pappetta di pan grattato, burro, uno scalogno, coriandolo o prezzemolo o finocchiella. Aprire le ostriche con cura, conservando il brodino. Coprirle con la pappetta e grigliarle leggermente per cinque-sei minuti.

15.

In Francia il cibo è una cosa seria, e quello parigino esprime una raffinatezza ammirevole. Anche per Fernand Braudel, il grande storico, la tavola è una questione culturale. Ricordo una mostra al Grand Palais sui ristoranti Napoleone III e sull'eleganza della posateria, delle tovaglie, dei centrotavola. Ditemi un altro Paese che allestisce una mostra sul cibo in un museo! Con Napoleone, i centrotavola diventarono campi di battaglia. A Wellington House – assolutamente da visitare – ce n'è uno in marmo che riproduce il tempio di Luxor nel più dettagliato dettaglio.

In Italia il cibo è meno rituale, è la gioia, un dono di Dio e della natura. Regionale, a volte addirittura campanilistico: il pesto alla genovese (con la pasta che cuoce assieme alle patate bollite che poi assorbono il favoloso olio ligure) va fatto con il basilico ligure – quello appuntito –, pecorino e pinoli in quantità, non azzardatevi a usare il basilico greco. Quelli che non capiscono niente usano il parmigiano, non sanno cosa si perdono. Peraltro, sulle colline liguri non ci sono pascoli adatti per produrre quel tipo di formaggio.

A Trapani trovi il pesto alla trapanese, con la menta – squisito. In Lombardia e in Veneto non lo trovi per niente. La trippa è di casa in Lazio e in Toscana; la polenta in Veneto, perché il mais cresce meglio in quelle lande. In Puglia se offri polenta lo considerano un affronto.

Ho spesso amici a cena e preferisco invitarne parecchi, nel senso che se sono una ventina si autointrattengono, specie se sono interessanti e provengono da ambienti diversi. In genere preparo un primo piatto e lo servo, i secondi e i dessert li metto su una tavola a buffet.

Cucino sempre io, a parte i dolci – non sono brava e la cheesecake, che adoro, è più buona comprata in pasticceria. Molto buono e leggero, altrimenti, un budino di caffè e cioccolato, facilissimo. O di arancia.

Budino di caffè e cioccolato

Bustine di gelatina, zucchero, caffè solubile, cacao, latte.

Mescolare gli ingredienti, due litri di latte per una dozzina di persone, strizzare la gelatina dopo averla tenuta a bagno in poca acqua fredda e mescolarla al tutto, meglio a fuoco lento. Trasferire in una ciotola, in *frigidaire* per dodici ore. Decorare la superficie con qualche chicco di caffè.

Gelatina di arancia

Invece del latte, succo d'arancia, mezzo limone spremuto, una cucchiaiata di succo di bergamotto, zucchero.

Come sopra, poi decorare con una fettina d'arancia e qualche foglia di menta o verbena.

Linguine al pesto

Il pesto è già pronto: montagne di basilico, chili di aglio, litri di olio, pecorino, un angolo di peperoncino. Tutto nel frullatore.

È saggio farne in abbondanza e surgelarlo in vasetti; si conserva bene anche a lungo, ma in verità si consuma in fretta: è talmente buono che, su una fetta di pane, su una patata o una carota bollita, diventa un piatto da re.

Bollite le linguine con un paio di patate "sfrangiate".

Quando le linguine sono pronte, scolatele e poi versatele in una ciotola dove avrete già messo del pesto in abbondanza (mi raccomando le "sfrangiature" di patate). Altro pesto sopra.

Il bollito misto
È perfetto per un bel gruppetto di gente, ha bisogno di salse. Non è facile metterlo assieme, ma si fa quel che si può; è un piatto invernale, forse per la presenza del cotechino e dello zampone.

Un pezzo di manzo da bollire per primo, una pollastrona, lingua di vitello se la trovate, cotechino e zampone.

Tutto servito assieme in un piattone, o ancora meglio su un grosso tagliere di legno.

Accompagnato da:

Salsa verde
Capperi, prezzemolo, sale, olio, pepe.
Tutto assieme nel frullatore, non troppo.

Salsa allo zabaglione
Otto tuorli d'uovo, zucchero, latte. Poi, Marsala.
Sbattere bene le uova, metterle sul fuoco e unire, poco per volta, mezzo litro di latte, senza farlo bollire. Aggiungere un cucchiaio di fecola per dare spessore, e due bicchieri di Marsala.

Maiale aceto e latte
Questo era il piatto preferito di mia madre, in casa nostra si cucinava spesso. Il maialino, ben rosolato per un quarto d'ora, viene affogato in latte, cipolla di Tropea tagliata piccola, sale.

Cuocere con il coperchio, dopo un'ora aggiungere un bicchiere di aceto. Il latte si raggrumerà. Fare un po' rapprendere il sugo, senza coperchio, e servire.

16.

In Sicilia si mangia da Dio, e a Trapani in modo particolare. Ci sono ristoranti di pesce dove è meglio arrivare prestino, altrimenti sono già pieni. Non di turisti, ma di gente locale, che giustamente mangia nei posti migliori.

Trapani risente dell'influenza berbera: trovi ovunque il couscous di pesce, per esempio, e certi antipasti di pesce originali. Fino a qualche anno fa Trapani era pericolosa, gestita da una mafia contadina e dai cugini Salvo, potentissimi, mentre la vicina Salemi era territorio di Zizzo. I magistrati onesti venivano ammazzati senza troppi complimenti, e con mancanza di curiosità da parte della polizia.

Persino i cugini Salvo, amici dei politici, erano poi usciti di scena: non condanna e punizione dello Stato, ahimè. Ormai la mafia era diversa persino a Trapani, forse non tanto a Marsala e a Mazara del Vallo, comunque la mentalità era sempre la stessa. Ci vorranno secoli perché possa cambiare.

Ogni estate passavo un mese in casa di pescatori in qualche isola siciliana. Ero stata più volte a Mozia, l'isola dei Fenici, ospite del professor Vincenzo Tusa, padre di Sebastiano, archeologo, carissima persona, morto nel 2019 in un incidente aereo: i pasti venivano cucinati dal guardiano dell'isola, amico di Joseph Whitaker, ed erano pasti eccellenti.

Con i figli, le mete preferite erano Favignana e Marettimo. Il nostro *lunch* consisteva in pane fresco, che andavamo a comprare in paese, limoni e montagne di ricci che pescavamo noi stessi: maschere e un sasso un po' appuntito per staccarli dalla roccia. Basta prenderli di sorpresa.

A Favignana la nostra padrona di casa, la signora Quintina – moglie di pescatore, madre di pescatore, figlia di pescatore –, ci urlava dalla finestra: «*I rizza fanno male, 'un manciate i rizza!*»

Mary McCarthy era di opinione contraria. «*It's intelligence food*» diceva.

Un'estate, a Marettimo, isola cupissima e maestosa amata dall'ammiraglio Nelson, avevamo affittato una casa da due sorelle che parlavano un dialetto incomprensibile. Cucinavano meravigliosamente e, ogni volta che scoppiava un temporale (la montagna a Marettimo, ex vulcano, sbarra le nuvole di passaggio), si rifugiavano tra le mie braccia battendo i denti e recitando l'Ave Maria in trapanese stretto.

Couscous alla trapanese

Mezzo chilo di couscous, pesce di scoglio, una trentina di muscoli, due pezzi di pesce bianco, un polpo, una seppia, prezzemolo, foglie di menta fresca, pinoli, sale, pepe, olio d'oliva. Vino bianco. Peperoncino.

Cucinare il couscous con il brodo di pesce.

In una pentola grande, soffritto, poi la seppia e il polpo puliti e tagliati, una rosolata, in seguito il pesce bianco e il pesce di scoglio per cinque minuti, i muscoli, aggiungere mezzo bicchiere d'acqua e infine il vino bianco.

Disporre il pesce sopra il couscous cercando di mantenerne la forma.

Attenzione: il tempo di cottura del pesce dipende dalla grandezza, comunque non dev'essere troppo cotto. Passare il dorso di un coltello lungo il pesce, e se la carne si stacca dalla lisca vuol dire che è pronto.

Scrivevo per *L'Ora* di Palermo, un giornale coraggioso, il primo a stampare la parola "mafia" quando tutti – cardinale compreso – dicevano che la mafia non esisteva, e a fare inchieste sui corleonesi e l'assassinio dei sindacalisti. I corleonesi – Luciano Liggio – fecero saltare in aria la tipografia dell'*Ora* e uno dei giornalisti, Mauro De Mauro, che sapeva troppo sul caso Mattei e i legami tra mafia e politica, nel 1970 venne rapito e sparì per sempre. Dato che il giornale era poverissimo, mi pagavano offrendomi vacanze in case di pescatori che da sola non avrei mai saputo trovare. Erano vacanze meravigliose in isole ancora selvagge.

Per me era un onore far parte dell'*Ora*. Vi conobbi Giuliana Saladino e Marcello Cimino, due persone straordinarie, il direttore Vittorio Nisticò e naturalmente, e brevemente, Andrea Camilleri. Anche Gioacchino Lanza Tomasi scriveva per *L'Ora*. A volte andavo in Sicilia inviata dal *Sunday Times* e dal *Telegraph*.

Quando cambiarono le leggi, e non riuscendo a mettere i boss mafiosi in galera, lo Stato li mandava al confino, in isole remote. Il direttore del *Telegraph* (uno dei miei direttori), John Anstey, uomo difficile, mi chiese di andare nelle isole di Linosa e di Alicudi, dove avevano spedito dei boss. Era un'occasione unica, mi disse. «Non è che se vai a Palermo puoi suonare un campanello e chiedere di incontrare il boss mafioso, invece in un posto dove sono affastellati e prigionieri, forse... Provaci. Sei italiana, donna, capirai quel che dicono».

Fino a un certo punto, gli dissi, un siciliano stretto può essere impenetrabile per una povera cisalpina. Gli spiegai che a Palermo un abitante del quartiere Capo non necessariamente capisce cosa gli dice un abitante del quartiere Albergheria.

Passai da Roma per una visita alla sede dell'Antimafia, dove mi ero fatta precedere da lettere del giornale e dove ricevetti alcuni volumi in cui si parlava di Angelo La Barbera, il superboss, e di altri soggetti che avrei incontrato. Arrivata a Palermo andai subito alla sede dell'*Ora* per un aggiornamento molto istruttivo, quindi in automobile fino a Porto Empedocle, da dove, due volte la settimana, partiva la nave per Linosa e Lampedusa. Era novembre, la nave era piena di parenti di mafiosi che andavano in visita ai loro congiunti confinati in quelle isole in mezzo al Mediterraneo.

A Linosa, uno scoglio vulcanico, arrivammo la mattina presto; venne a prenderci una barchetta, il capitano della nave mi aveva aiutato a trovare una casa dove dormire e mi raccomandò al maresciallo dei carabinieri di guardia.

Venni accolta con sospetto. Una giornalista? (Comunque, in Sicilia si è sempre sospetti.)

La mia stanza aveva un lettone con sopra una bambola seduta tra cuscini di raso rosa. La mattina, come prima colazione, caffè e brioche.

«E la cena?» chiesi.

Silenzio.

«C'è un negozio per comprare pane e formaggio?»

Ogni domanda veniva accolta con quella smorfia tipicamente sicula che sta per *unn'u sacciu*, "non lo so".

Al comando dei carabinieri volevo sapessero che ero giornalista, che dovevo essere protetta, che avrei passato pochi giorni sull'isola, che ero inviata dal *Telegraph* ecc. Volevo anche qualche indirizzo: dove potevo trovare Salvatore Zizzo? Dove abitavano Angelo La Barbera, Salvatore Gnoffo? Sirchia? Lo Bue? I Plaja? Mancino? Non potevano dirmelo, mi risposero i carabinieri. Comunque non dovevo avvicinarli, era gente pericolosa, assassini. Io ero a Linosa proprio per avvicinarli, risposi, e la loro storia la sapevo perché avevo con me libri dell'Antimafia, che avevo letto sulla nave. Anzi, volevano leggerli?

Andando in giro per il paesino, poche case colorate, non sapevo a che santo votarmi. Cercavo un negozio dove comprare qualcosa per farmi un panino, chiedevo a chi vedevo in giro – quasi nessuno – dove trovare il signor Zizzo. Nonostante chi mi interessava davvero fosse La Barbera, avevo pensato potesse essere più saggio cercare Zizzo, il boss di Salemi – meno famoso e forse meno potente. Ma il solo fatto che quei boss si trovassero al confino significava che non erano più così potenti.

Fermai uno che scendeva a passi da gigante, viso picassiano e capelli ricci: «Mi può dire dove abita il signor Zizzo?»

Una risata sguaiata.

«I mafiosi. Questa cerca i mafiosi».

Finalmente, avevo trovato un modo e un mezzo: Salvatore Gnoffo mi portò in una casetta con un piccolo giardino, davanti alla quale ero appena passata.

«Ecco dove abitiamo: Zizzo, io, La Barbera e Lo Bue».

Chiesi se potevo aspettare il ritorno del signor Zizzo.

«Chissà dov'è andato... si sieda qui in giardino».

Gnoffo era brutto da far paura, e non per modo di dire. Mi fece qualche domanda. Proprio allora uscì di casa Angelo La Barbera e si sedette al tavolino. Era un bell'uomo, non alto, dai lineamenti prettamente palermitani, il naso rotondo.

Forse il fatto che mi stessi comportando con naturalezza fece sì che venissi accettata.

«Vuole un caffè?»

In Sicilia, offrire un caffè è un atto significativo e ancor più accettarlo.

«Molto volentieri, grazie».

Finì che arrivò Zizzo, che accettai un secondo caffè e che venni invitata a cena in casa Plaja.

Faceva troppo freddo per un tuffo in quel mare meraviglioso, ma feci una passeggiata e poi andai dai carabinieri.

«Questa sera vado a cena dai Plaja, volevo avvisarvi».

Di nuovo mi misero in guardia: «Ma lei è matta! Quelli sono mafiosi, assassini, pericolosi».

Di nuovo replicai: «Sono qui per incontrarli».

La cena dai Plaja fu la prima di una serie di cene con degli uomini d'onore. La ricordo bene e mi stupì più per la compagnia che per il menu, anche se la parentela aveva portato cibi squisiti; metà del gotha mafioso era seduto attorno alla tavola e, avendo letto i volumi dell'Antimafia, sapevo vita morte e miracoli di ognuno di loro.

Nonostante il padrone di casa non fosse Angelo La Barbera, il vero boss era lui, quindi sedeva a capotavola; io alla sua destra. I piccoli lo chiamavano "eccellenza" e gli davano del voi, lui ricambiava col tu. La tavolata era composta da affiliati della sua cosca o di cosche alleate, c'era anche l'avvocato.

La Barbera era trattato con assoluta deferenza.

Nessuno mi presentò, tutti erano già perfettamente informati.

La cena consisteva in spaghetti con salsa di pomodoro fatta dalla signora Plaja, ottimi, seguiti da bracioline – a nessuno di loro piaceva il pesce. Con ogni portata arrivavano scuse: «Qui niente si trova, facciamo quel che possiamo».

I dolci erano di pasta reale, venivano da Alcamo ed erano buonissimi.

Avevano deciso che ero una Lady, forse perché li trattavo con disinvoltura. E anche perché a Linosa si annoiavano da morire.

«Come mai è venuta qui?» mi chiedevano.

«Perché sono una giornalista» rispondevo.

Quando mi offrirono dei regalini, con molta grazia li rifiutai.

«Perché?»

«Non posso accettare».

«Cioccolatini per i bambini?»

«Neanche quelli».

«Perché?»

«Perché io sono una giornalista e lei è un mafioso».

Ridevano, ma ridevano stupiti, e anch'io rido quando ci penso. Ma ero stata avvertita: mai accettare regali, mai portare un qualsiasi pacchetto a una terza persona, mai farsi raccontare un segreto. Chi me lo consigliò era l'adorabile Boris Giuliano, vicequestore che nel 1979 sarebbe stato ucciso a pistolettate in un bar proprio perché si era fatto raccontare un segreto che avrebbe dovuto riferire a qualcuno. Forse l'aveva anche riferito, ma all'uomo sbagliato.

Questa però è un'altra storia.

Anche con Boris Giuliano andavo fuori a cena, da Totuccio, a Mondello; lui mi indicava gli informatori, i mafiosetti, mi spiegava. A volte gli servivo da copertura, arrivavamo, saluti pieni di deferenza. Poi lui mi diceva: «Scusa un momento» e spariva per ore.

Io ero furibonda.

Lo avevo incontrato per un'intervista sui sequestri di persona, ero andata in questura. Mi aveva detto: «Ma voi che venite da Londra non sapete niente, fate un paio di interviste, scrivete un pezzo e ve ne andate».

«Se la pensa così...»

«Scommetto che non ha mai incontrato un mafioso».

«Si sbaglia».

«Chi conosce?» chiese incredulo.

Cominciai a snocciolargli i nomi dei boss che conoscevo.

«Ah» fece divertito, «allora ho capito chi è lei. Ho una montagna di carte che la riguardano, le vuole vedere?»

«Certo!»

Diventammo molto amici.

A Mondello si mangiava da Dio, ricci a non finire e spaghetti ai frutti di mare, e poi i gelati, e cannoli di ricotta freschissima.

17.

Dopo qualche tempo comprai una casetta a Stromboli, contrada Piscità, sotto Iddu, Lui, il vulcano, a un tiro di schioppo da un mare blublù. L'archeologia poi mi ha spiegato che Iddu era Polifemo, l'occhio in alto e i sassi che scagliava su Ulisse e i compagni... Era ovvio, perché non ci avevo mai pensato prima? Questo è il miracolo della mitologia.

Mi alzavo la mattina, facevo tre salti ed ero in acqua. Quelle isole greche dove la casa sul cocuzzolo dista ore dal mare non fanno per me.

Stromboli mi sembrava il paradiso. Quattro alberi di limoni grondavano oro e fiori meravigliosi; restii erano invece i capperi: li avevo allettati in ogni modo, piantandoli lungo certi vecchi muretti, vicino ai banani che invece davano ottimi frutti profumati.

Ho vissuto in quella casa per lunghi periodi e quasi sempre da sola, ci ho scritto almeno due libri. Una solitudine fantastica.

A volte venivano a trovarmi gli amici, e i figli.

Le notti erano incredibili, con cieli stellati e stelle che cadevano tra i lapilli come manciate di coriandoli. Non c'era illuminazione stradale, e ci conoscevamo tutti.

Andavo sott'acqua con certe bombole pesantissime e scomodissime, ma ne valeva la pena; avevo fatto amicizia con un enorme polpo che se ne stava in una specie di grotta a una decina di metri di profondità e mi guardava con i suoi occhioni: sono certa che mi riconosceva, sapeva che lo osservavo con simpatia. Attorno a Strombolicchio, un dente roccioso in mezzo al mare, c'erano le cernie e la proibizione di pescarle. Ci immergevamo e scendevamo in una folla di pesciolini blu: una volta, correndo dietro un'enorme cernia che volevo vedere da vicino, dimenticai me stessa e l'aggeggio per misurare la profondità, e mi ritrovai senza nemmeno accorgermene a quarantacinque metri. L'istruttore venne immediatamente in mio soccorso, e sulle prime non avevo neanche capito perché; risalimmo assieme, con lunghe pause, e a un certo punto mi diede il suo boccaglio perché stavo finendo l'ossigeno. Senza di lui sarei crepata.

Mai avventurarsi da soli in fondo al mare.

Una notte si bisbigliò, ma non si disse, che erano arrivati i catanesi e avevano portato via quattrocento chili di cernie. La mafia del mare.

Nuotavo sotto il vulcano, acqua blu e calda. Indimenticabile. A volte, di notte, si prendeva la barca e si andava dall'altra parte dell'isola a vedere il vulcano incendiarsi e la lava cadere in mare.

Una volta l'anno, in primavera, c'era la processione, accompagnata da grandi mangiate: dalla chiesa di San Vincenzo a Piscità, con la banda e i bambini intunicati, la statua del santo partiva alla volta della chiesa di Stromboli, dove sarebbe rimasta un paio di notti. Poi la processione scendeva verso il mare, con in testa il prete – uno solo per tutta l'isola, ma le chiese erano ben quattro. La statua era attesa al molo per la processione di barche, che partivano coperte di fiori e di offerte: una trasportava la banda, un'altra il sacerdote in pompa magna, chierichetti, anche da Lipari e Panarea, canti semipagani – si chiedeva protezione dalle tempeste ma anche da Iddu, che dominava il paesaggio e il pensiero.

Dopo essere arrivate a Strombolicchio, le statue sarebbero poi state riportate alle loro sedi. Il sacerdote benediceva il mare, assieme alla Madonna, e i fiori andavano tra le onde, sacrificio antico come l'uomo.

Chi aspettava sul molo commentava.

Era stata una bella processione. Hai visto il vestito nuovo della Madonna? Si pregava per una buona pesca di tonnarelli, per il cugino all'ospedale di Lipari e per l'altro a Milazzo, per l'esame della bambina. Si cantava, si spettegolava, era puro teatro; queste processioni risalivano al passato remoto, erano un nodo importantissimo tra la fede e le buone relazioni con il creato. Secondo me, la processione è la radice del teatro pre-pre-greco, che come è noto aveva radici mistiche. Ne avevo discusso a lungo con il semiologo Paolo Fabbri, uno dei miei amici di genio che non sapevano di essere geniali.

Tornando verso casa dalla festa mi fermavo da Zurro; anche perché mi chiamava lui dal suo ristorante, club, cortile... una sirena con barba e capelli foltissimi e nerissimi, altro che zurro... Una volta gli dissi che mi avevano rubato la bicicletta e in due minuti la bici era esattamente dove l'avevo lasciata: «Credevano che fosse di un turista».

In quel caso si poteva rubare, pensai io, felice di passare per strombolana.

Da Zurro, un paio di bicchieri di vino ghiacciato e un piatto di gamberetti crudi, con olio e limone. Con quella foresta color ebano e un vocione da baritono, era un tesoro. E il solo che sapesse cucinarmi il tonno come piace a me.

Bistecca di tonno

Due filetti di tonno spessi, olio, origano.

Cuocere su una graticola ultrarossa per quattro-cinque minuti. E basta. Salare e servire, magari con una salsina aglio e prezzemolo. Sotto la crosticina, il tonno dev'essere crudo.

Ian Buruma e sua figlia Isabel vennero miei ospiti a Stromboli. Chiesi al marinaio di lasciarci su una spiaggetta sotto una delle grandi bocche di Iddu e di venirci a riprendere prima del tramonto. Picnic, libri, cappelli ecc.

Ian, ottimo scrittore e critico, brevemente direttore della *New York Review of Books*, apparteneva a quella categoria di persone che non badano se si trovano nel deserto del Gobi o a Times Square: purché avesse a disposizione dei libri da leggere o da recensire, andava tutto bene. Non faceva caso neanche alla qualità del cibo o del vino, eppure era una persona colta, solo un po' autistico nella gestione delle amicizie.

Non è una specie rara. In questi casi, bisogna prendere una decisione: lo stendardo dell'amicizia deve portarlo uno solo? O per amicizia s'intende uno scambio? Comunque, quel giorno alle pendici di Iddu, perfino Ian alzò la testa dal libro: c'era qualcuno nella baia deserta, non vedeva anima viva ma sentiva camminare.

Era la lava che scendeva e si raffreddava nel mare, bollendo. L'informazione lo stupì, si alzò per accertarsi che quella scia che precipitava dalla montagna fosse veramente bollente e poi si infilò dentro una grotta per ricominciare a leggere.

Non c'erano strade né automobili, tantomeno lampioni, a Stromboli; io abitavo in una stradetta esigua persino per la mia biciclettina; quando c'era pesce che i pescatori non erano riusciti a vendere, me ne mettevano un po' in *frigidaire*, tanto le porte di casa le si lasciava aperte. Succedeva al passaggio dei tonni, e quando si era fuori stagione mi ritrovavo con un bel tonnetto da preparare. La mia cucina era grande come un francobollo, ma avevo spesso amici a colazione o a cena. Si mangiava in terrazza, guardando il mare.

Quando venne ospite il regista Jonathan Kent, provetto pescatore, lo guardai sfilettare il pesce da vero professionista.

Ceviche di tonno
Fettine di tonno fini come ostie, marinarle in aceto, limone, vino, cipolla di Tropea tagliata fina, peperoncino e salsa di soia.

Risotto alla marinara
Il soffritto, pezzetti di pesce, scampi, conchiglie, muscoli. Aggiungere il riso, il vino bianco e il brodo. Cuocere diciotto-venti minuti. Aggiungere al brodo una punta di pasta di acciughe.

Se c'era tempesta, non arrivavano né l'aliscafo né il traghetto, i pescatori non potevano uscire. Ci si arrangiava con quel che c'era in casa.

Pancotto con foglie di alloro
L'alloro è la foglia del dio Apollo, ha le bacche nere e il profumo dell'oro; meraviglioso, anzi indispensabile, nel pancotto.
Pane raffermo, brodo, olio d'oliva, foglie di alloro (*Laurus nobilis*), sale. (Per l'indigestione, una tisana di alloro; prezioso anche contro i reumatismi, nella vasca da bagno.)

Pancotto con foglie di limone
Lo stesso, cambiando solo la foglia.

Facevo molte tisane di verbena, nespolo, prezzemolo e gelso (in latino *Morus*), che mettevo nel congelatore. Un guaio, se saltava l'elettricità per un paio di giorni. Quelli di Ginostra, il paesino dall'altra parte di Iddu, si davano arie perché non avevano l'elettricità e nemmeno il molo. La nave si fermava davanti al paesino e una barchetta portava all'attracco. Poi, su per scalinate con un mulo o a piedi, fino a un tesoro di villaggio. Insomma, bisognava avere diciott'anni, anche se per qualche tempo ci abitò Giulio Einaudi, che i diciotto li aveva passati.

Stromboli non era come la vicina Panarea, isola per turisti. Anzi, a molti Stromboli non piaceva, troppo nera e minacciosa con quel vulcano borbottante che si accendeva nella notte e scuoteva la terra. A volte la mia scarsa mobilia faceva su e giù per la stanza accompagnata dal lontano boato di Iddu. Ma ero abituata ai terremoti: in Umbria ne avevo sentiti parecchi, e una volta ne avevo sentito uno spaventoso in Iran.

Stromboli non era un'isola turistica, era abitata tutto l'anno. La tabaccaia era mia amica, e i pescatori, tutti fratelli e cugini, con delle facce omeriche, avevano famiglia e casa nei villaggi; c'era anche la scuola elementare.

Chi si occupava del porto era un omone dai capelli folti, barba bianca e baffi spioventi, persona di valore.

Poseidone, così lo chiamavo, dipingeva e scriveva versi. Come tutti i siciliani disprezzava i napoletani, in particolare i comandanti degli aliscafi che non sapevano fare manovra con il mare in tempesta.

Un giorno che c'era mare agitato, Poseidone mi mandò a chiamare: il comandante greco di una nave-traghetto aveva difficoltà ad attraccare. Non parlava che inglese – oltre al greco, naturalmente. Feci da interprete e gli tradussi le spiegazioni su come cavarsela prima in mezzo alle correnti e poi in quel piccolo porto.

«Questi greci il mare ce l'hanno nel sangue» commentò Poseidone ammirato.

Le Eolie erano abitate dai Micenei; a Lipari c'era un museo di manufatti greci, alcuni dei quali ancora policromi, di stupenda fattura. Da quelle isole veniva l'ossidiana, importantissima prima della scoperta dei metalli. Da qui la grande importanza commerciale e storica delle Eolie, a parte il fatto che sono le isole più belle del mondo.

18.

A volte (raramente) mi infilavo gli scarponi e salivo sul vulcano con Zazà, la guida. Portavamo uno zainetto con l'acqua, due banane, un plaid e un pullover (in alto fa freddo anche d'estate). Ai piedi del grande Iddu ci mettevamo un elmetto. «Per le pietre» spiegava Zazà, uomo di poche parole come tutti i siciliani. «Ma se mi arriva uno di quei pietroni» gli dicevo io indicando dei macigni che dovevano essere stati scagliati in aria dalla forza di Iddu, «che me ne faccio di un elmetto?»

«In quel caso...» Zazà apriva le braccia: la fatalità, Nemesis, e tutte quelle fate dell'antichità, decidevano loro, sembrava dirmi.

Era faticoso, e il gruppo degli scalatori si dimezzava a metà strada. Bisognava arrivare prima che facesse buio. Vedevamo il tramonto mescolarsi alle esplosioni di Iddu, a volte gigantesche e meravigliosamente pericolose.

Se cercavo di sporgermi verso una delle bocche, Zazà mi tirava indietro senza tanti complimenti. «Eh, se ci finisce dentro, nessuno la viene a prendere».

Cenavamo sui bordi delle bocche più tranquille, Zazà le conosceva tutte. Ce n'erano sette, ognuna con il suo nome e il suo colore, una era blu come il mare.

Ci si riposava, poi si scendeva dalla Sciara Vecchia: per fortuna non si vedeva quasi nulla perché era a picco, mi sarebbe venuto un colpo.

Si arrivava verso le sei di mattina e ci si buttava in acqua, le gambe a pezzi, sudati e felici. Avevamo visto l'inizio del mondo, come nel *Rheingold*.

A proposito del quale, quando Giorgio Napolitano era senatore, e cioè prima di diventare presidente della Repubblica, nel giardinetto sotto Iddu ascoltavamo insieme il *Ring* in diretta dal festival di Bayreuth. È anche un musicologo, Giorgio Napolitano, intelligente, un uomo di straordinaria qualità. È stato uno dei più grandi presidenti che l'Italia abbia avuto, l'unico (finora) a essere stato eletto per un secondo mandato, un fine politico che tuttavia ha incontrato immense difficoltà. Gli italiani non hanno ancora compreso fino in fondo il suo valore.

Una volta, mentre ascoltavamo il *Götterdämmerung*, l'incendio del Valhalla coincise con un'esplosione di Iddu particolarmente fiammeggiante. «Guarda che messa in scena ti ho preparato» gli dissi.

A Clio, la sua moglie partigiana, Wagner non faceva né caldo né freddo, e nemmeno mio marito Hugh ne era particolarmente entusiasta.

Anche lui – Hugh – era un amante di Stromboli. A Stromboli non c'erano ombrelloni, segno di mare vero.

A volte Iddu esagerava, fumo, fuoco, tremori. In genere Zazà sconsigliava certe giornate per la salita, ma tanti continuavano ad andarci come se fosse una semplice passeggiata.

Certe notti scorgevo da casa i lumini delle guide che cercavano i dispersi e, come si illuminava il cielo, un elicottero in ricognizione. Morti? Feriti? Vedevo le barelle della Croce rossa nel piccolo eliporto.

Poseidone, più sincero, a volte mi bisbigliava: «Tanto, qui

un paio di morti all'anno ci scappano... scimuniti che salgono come se andassero a fare la spesa».

Quando, dopo aver viaggiato con il battello notturno da Napoli, mettevo piede sull'isola, quell'accento e quel modo di fare distaccato e fiero mi davano gran gioia.

Chi aveva casa a Stromboli veniva trattato con rispetto, detestati invece i turisti di giornata e quelli che andavano sul vulcano lasciandosi dietro cartacce e plastica e, a volte, la loro stessa pelle.

«Scusate» dissi una volta a una famiglietta inglese, genitori e due bambini, che stava cominciando la salita, «andate su? Vi fermate all'Osservatorio?»

Risposero di no, dissero che sarebbero andati fino alle bocche di Iddu – come ho detto alcune erano attive e altre no, e lo erano a singhiozzo. Insomma, bisognava stare molto attenti.

Cercai di metterli in guardia: «Per i ragazzini è faticoso, sono sette ore di camminata, e molto ripida. Ci si può anche perdere lassù, io salgo sempre con la guida anche se ci sono stata tante volte... Avete con voi dell'acqua? In cima fa freddo, i bambini dovrebbero portare almeno un pullover».

Mi presero per una rompiscatole.

Poi, il 30 dicembre 2002, l'isola venne devastata da un minitsunami, chiusero tutto e la guardia civile diede indicazioni preziose: per mettersi al riparo dalla lava, bisognava correre in alcuni punti designati. Come se uno avesse il tempo. «Ditelo a quelli di Pompei» suggerii io.

Poi, con l'arrivo di Dolce & Gabbana e delle meduse, tutto cambiò.

19.

Tanto tempo fa, per viaggiare in Unione Sovietica si prepagava un gruppo statale, l'Intourist: cameriere e commessi staccavano bollini che poi certe donnone stanche guardavano con distacco, mettevano in una tasca del grembiule e dimenticavano.

Nei menu c'erano sempre le stesse cose, si mangiava malissimo. Almeno c'era la vodka, ghiacciata e servita in bicchierini tenuti nel congelatore.

Appena arrivava il caldo e la neve diventava grigia e poi nera e poi liquida, i corridoi della sontuosa metropolitana moscovita si riempivano di venditori di gelato; i moscoviti vanno matti per il *moroženoe*, gelato alla panna e vaniglia, per noi poco interessante ma guai a dirglielo.

Il caviale lo si pagava extra, naturalmente, e anche lo storione, che non sapevano assolutamente cucinare – a meno che non fosse affumicato. Ma a Volgograd, ex Stalingrado, dove rimasi cinque giorni, c'era caviale fresco mattina pomeriggio e sera – dopotutto si era nel Basso Volga. La mia accompagnatrice/giornalista/KGB mi chiedeva se non mi ero stancata di mangiarne.

Aveva due bambini che doveva andare a prendere a scuola tutti i giorni, e la suocera malata. «Senti» le dissi, «io ti dico assolutamente tutto quello che faccio, dove vado, a che ora ecc., e me ne vado in giro da sola».

Tanto più che ormai il russo lo sapevo. E difatti mi divertii un mondo attraversando il Volga sul traghetto e visitando i mercati dei *kolchoz*, il che significava incontrare contadini che mi facevano mille domande.

Girando in un mercato si capisce tanto di un luogo, e quella non era gente scontenta, c'era una certa allegria nel malinconico volto della campagna sovietica. Se solo penso a come si erano incattiviti i mercanti siriani, nel grande suk di Aleppo, o alla rabbia di certi mercanti egiziani, capisco come si può giudicare un mondo, una situazione, un'etnia proprio dalla gente che vende i prodotti della terra.

A Mosca si mangiava bene solo al ristorante dell'Unione Scrittori, dove mi portava Andrej Voznesenskij.

Andrej era il pupillo di Pasternak, rispettato, ribelle, e in qualche modo protetto dal regime perché popolarissimo; lo avevo incontrato tramite Inge Feltrinelli, della quale era innamorato (credo che lei non se ne fosse neanche accorta). Andrej era quasi costantemente ubriaco, peccato perché era pieno di talento. Ed era un innocente. Mi portava al teatro Na Taganka, diretto da Jurij Ljubimov, regista geniale che mi divenne amico e lavorò parecchio per Claudio Abbado. Vidi spettacoli magnifici al Na Taganka, e coraggiosi, per esempio uno su Majakovskij e su come era stato plagiato dal regime. Anche i grandi classici russi, ma in genere testi moderni e contemporanei, e rap sovietico.

A Mosca si mangiava bene anche al ristorante georgiano nel quartiere dell'Arbat, pure questo esclusivo – non prendeva i bollini dell'Intourist – e affollatissimo.

Per entrare si faceva la coda, si pagava in rubli o dollari e si beveva a garganella, vino e *šampanskoe*, dolce e mefitico. La cosa più buona, secondo me, era il *petit poussin tabacà*, piatto che ho spesso cucinato a casa, con risultati non del tutto disprezzabili.

Pollo tabacà

Prendere due polletti e batterli con il batticarne di legno fino a che diventano quasi delle bistecche.

Metterli a marinare per cinque o sei ore: aceto, peperoncino, cinque o sei spicchi d'aglio schiacciati, un limone spremuto, buccia di limone grattugiata fina, una cipolla tagliata, curcuma, olio d'oliva.

Una griglia già molto calda. Schiacciarci sopra il pollo aiutandosi con un mortaio pesante o dei mattoni caldi, voltare; dopo averlo ben rosolato, coprirlo con la *marinade* e farlo cucinare per quindici-venti minuti, dipende dalla brace (io lo faccio sul caminetto).

In Georgia usano cucinarlo schiacciando il polletto tra mattoni bollenti. È squisito.

Una volta lo preparò Lucia Cathala nel suo appartamento nell'Arbat, un pittoresco quartiere moscovita, sopravvissuto a secoli di incendi e saccheggi ma non alla distruzione breżneviana. Lì si beveva alla francese ma si mangiava alla russa, con tanti piccoli antipasti, gli *zakuski*.

Bassina, capelli neri neri, Lucia era un'ottima cuoca, faceva una carpa alla giudea – *karp po-evrejski* – che profumava tutto il quartiere, ma non mi sono mai lanciata in questi piatti pericolosamente complicati. Il *karp po-evrejski* viene citato anche in letteratura – Bulgakov, mi sembra.

Karp po-evrejski

Pulire bene il pesce, ri-riempire la capace pancia con finocchiella, aglio, cipolla, pane ammollato nel latte, uvetta, noci, pinoli, e così farcito cuocerlo al forno per almeno un'ora (il tempo di cottura dipende dalla grandezza della carpa).

Il marito – non della carpa, bensì di Lucia – si chiamava Jean Cathala. Diplomatico e corrispondente dell'ambasciata francese, rimasto a Mosca per non abbandonare la moglie, Jean era un uomo squisito, saggio, uno dei grandi intellettuali francesi. Nel loro appartamento, piccolo ed elegantissimo, un busto di Aristotele rendeva subito evidente chi fosse l'eroe di casa. Amico personale di De Gaulle, Cathala era caduto vittima – come molti – dello charme elusivo di Stalin, che dev'essere stato come un gatto col topo: pupille gelide attraversate da un lampo di ammaliante benevolenza. Ed eri fregato.

20.

Ero ospite di un *kolchoz*. Non lontano da Rostov, in mezzo a una pianura sconfinata, mi faceva capire perché i russi fossero disperati. E alcolizzati.

Dire che quella pianura fosse monotona sarebbe un eufemismo.

La mattina facevo delle passeggiate per giustificare il resto della giornata, con il naso che mi cadeva a pezzi per il vento tagliente e ghiacciato. La Siberia che mi ero lasciata alle spalle era un luogo di delizie, in confronto. Pensavo di allungare il passo e di andarmene in Crimea o sul mare di Azov – tutto vicino secondo i parametri russi, in effetti lontanissimo.

Si mangiava verso mezzogiorno perché i *kolchoznik* si erano svegliati ben prima di me, e si iniziava con gli antipasti: dodici omazzoni attorno a una tavola tonda si prendevano a manate sulle spalle. Gli antipasti russi, specie per un'occasione speciale – io, nella fattispecie –, consistevano in caviale e panna acida, cetriolini sott'aceto, pane nero, caviale rosso di salmone e qualche pesce affumicato, come lo storione.

Alla fine di ogni giro di portate, si alzava in piedi uno dei convitati, faceva un discorso e beveva un bicchierotto di vodka di proporzioni notevoli, il resto della tavolata doveva fare altrettanto bevendo alla salute del *kolchoz*, dell'*inastranza* (sempre io), del direttore del *kolchoz*, delle varie mogli (benché assenti), dell'Italia, del segretario del Partito comunista, di Lenin ecc.

Ero la quinta e, con una bottiglia di vodka in pancia, mi alzai e feci un discorso in russo del quale ancora sono fiera, un discorso di quelli nei quali non si dice niente a parte ribadire l'amore tra i popoli, che nel mio caso era sincero perché per i russi ho un debole. Ormai la lingua la parlavo benino, con errori di grammatica ma buona pronuncia.

I russi sono incredibilmente generosi: in un viaggio con due figli – Owen e Allegra, di nove e sette anni – furono molti gli inviti anche da parte di persone povere che si scusavano per la modestia del pasto. Davano quello che potevano, e anche quello che non potevano.

Con Valerij, un semi-ribelle, KGB, alcolizzato, poeta, andavamo da amici che tenevano la casa aperta. Dovevo portare una bottiglia di vodka, l'unica ragione per la quale ero ben accolta. In una di queste case trovammo Iosif Brodskij, un poeta che avevo letto in russo: tanto bravo, poco simpatico.

Ogni volta che si arrivava arrancando sulla neve – i bambini affamati, stanchi e in difficoltà –, una tenda si scostava. «È la spia del caseggiato» mi avvisavano. E se mi mostravo inquieta mi dicevano di non preoccuparmi: «Anche loro devono lavorare, devono poter dire qualcosa, tipo: "Una con due bambini è arrivata alle ore X"». In seguito capii che era proprio Valerij che temevano.

In quell'occasione imparai una lezione culinaria: invece di offrire da bere agli ospiti durante il pasto e averli ubriachi quando stanno per andarsene, si offre vodka subito. Il successo della serata è assicurato.

Zakuski

Bottiglie di vodka in caraffe, bicchieri e vodka ghiacciati (calcolare una bottiglia per due persone).

Sulla tavola: *smokies* scozzesi, aringhe affumicate, salmone affumicato, maccarello affumicato, pasticcio di maccarello con aneto, due o tre salse di panna acida o yogurt, una con l'anice, una con l'aneto e la terza appena zuccherata (con marmellata d'arancia).

21.

Ci sono piatti che fanno viaggiare nel passato, che risuonano nella memoria: quello indotto dalla famosa *madeleine* di Proust è un classico esempio di viaggio nostalgico (va detto però che un famoso editorialista italiano parlò una volta di quella *madeleine* come se si trattasse della Madeleine, la chiesa parigina – ovviamente non aveva mai letto la *Recherche*). È meraviglioso come l'inventiva umana abbia saputo rendere una necessità (mangiare) un piacere, una cultura che cambia a seconda della geografia, una cultura democratica fatta da tutta l'umanità, perché anche la più povera porta il suo contributo. Anche del dormire, altra necessità vitale, l'uomo ha fatto un'arte: le lenzuola, i cuscini, le coperte, le trapunte di tutti i colori – tutto questo concorre a migliorare uno spazio di tempo, a disegnare le nostre abitudini e persino la nostra posizione sociale. La principessa sul pisello è un esempio di *noblesse oblige* – a meno che non si interpreti quel pisello alla toscana.

Il sapore della Bassa, un misto di Giuseppe Verdi e di tortelli così leggeri che potrebbero volare, mi porta a Parma, dove arrivai undicenne e dove passai cinque anni della mia vita.

Guai chiedere a un parmense, per gentilezza: «Come stai?» Da una mezz'ora di descrizioni di fegato oberato, colesterolo, pancreas ammalato – tutto imburrato da una dieta nefasta ed eccessiva – non vi salva nessuno.

A Parma il cibo era ed è una cosa seria, oggetto di dibattito. Il mercato della Ghiaia, sulla riva destra del torrente Parma, presso il teatro Ducale, si riempiva la mattina presto di intenditori. Arrivavano dalla campagna i contadini imbacuccati nella nebbia e nei loro splendidi mantelli di lana nera che li rendevano un tutt'uno con la bicicletta, come un anaconda padano, con un cappello alla Toscanini schiacciato sulla fronte – sempre aggrottate, quelle fronti. Verso mezzogiorno ci andavano persino le dame a valutare il grana, il banchetto dei prosciutti, dei culatelli, dei diversi tipi di parmigiano, la verdura primaverile e quella autunnale.

A Samboseto, nella Bassa, c'era un ristorante dove negli anni Cinquanta si beveva vino francese. Si mangiava faraona arrosto con tartufi. E petti di tacchino con una fettina di fontina, prosciutto e tartufo bianco.

Tortelli al burro e salvia

Devo confessare che i ravioli, i tortelli, li compro fatti; devono essere leggeri di pasta e freschissimi – il segreto è tutto lì. Burro fuso, foglie intere di salvia, tonnellate di parmigiano grattugiato.

I tortelli vanno tirati fuori dall'acqua in bollore uno per uno, con una schiumarola.

Quelli della *resdora* della trattoria La Buca, la Miriam, volavano tanto erano leggeri, e quelli alla zucca, con le mandorle, erano i miei preferiti.

Alla Buca, che è vicina all'argine del Po, anzi, sotto, ci andavo già ragazzina, quando la *resdora* in capo era la madre della Miriam; poi ci tornai con i figli, i mariti, con Inge Feltrinelli, naturalmente, e una volta anche con Ryszard Kapuściński, che io ammiravo moltissimo e che a sua volta – e come è giusto –

era innamorato di Giuseppe Verdi. S'innamorò anche della Buca. Ci sbronzammo a Lambrusco. Non aveva mai mangiato così bene, disse, in vita sua.

Il culatello dalla Miriam matura nello scantinato della trattoria, altro che il tesoro dello scià di Persia. Pendono dal soffitto i profumatissimi culatelli che in questa zona maturano con la muffa del Po, non con il sale, e per questo sono dolcissimi. Accedervi è un onore. La Miriam me ne sceglieva uno o due (carissimi) e me li portavo a Londra, dove rapidamente rimpiccolivano. E poi, oltre ai tortelli con la zucca e le mandorle – piatto medievale tipico della zona, che la Miriam eseguiva da maestra –, c'erano i tortelli con erbette, prezzemolo e ricotta.

Una volta, il prestigiosissimo *New Yorker* dedicò un lungo servizio alla Buca e alla Miriam. Le telefonai: «Miriam, neanche Marilyn Monroe ha avuto otto pagine sul *New Yorker*».

Mi rispose, lamentandosi ma non troppo: «Sono venuti qui, erano in tre, sono rimasti una settimana, mi stavano sempre tra i piedi e mi hanno tempestato di domande. Mi chiedevano se potevano guardarmi cucinare... "Non c'è segreto" dicevo. "Io non sono una cuoca, non invento niente. Ripeto quello che faceva mia madre e mia madre ripeteva quello che le aveva insegnato sua madre, niente di meno e niente di più"».

Il vicino e rivale di Miriam nella qualità del culatello era Diofebo Meli Lupi, principe del Sacro Romano Impero e di Soragna, marchese, Grande di Spagna, conte palatino ecc., eterno ragazzotto che viveva nel suo splendido castello e al quale la *resdora* chiedeva, in dialetto della Bassa: «E tu, principe, un erede quando lo fai? Quand'è che metti al mondo l'erede?»

Di domenica si andava, una decina di noi, spesso anche con i Marchi, Pietro Barilla e Gigi Malerba, a vedere una delle tante meraviglie del Parmense: Fontanellato e gli affreschi del

Parmigianino, il castello di Torrechiara, la reggia di Colorno ecc.; si finiva sempre in trattoria.

Pietro Barilla era un giovanottone bello, timido e insicuro – lo eravamo tutti, ragazzini e ragazzoni. Controllato a vista da una madre-segugio, ovviamente intelligente, svelta, vestita con cappelli piumati e stole di pelliccia, Pietro era quello che io chiamo "miracolo italiano". Colto, curioso, rampollo di un'industrietta in crescita, cercava l'amicizia della gente interessante, e a Parma la gente interessante era nel popolo, non nella borghesia.

Pietro frequentava Attilio Bertolucci e Pietrino Bianchi, e persino noi, ragazzine più piccole di lui. Imparava come andava. Aveva capito che l'industria doveva ricercare innanzitutto la qualità.

Quando già vivevo a Londra, ci incontrammo in occasione di una delle mie visite ai miei genitori, che ancora non si erano ritrasferiti a Roma. Eravamo sulla scalinata del teatro Ducale, che ufficialmente si chiamava teatro Regio ma era rimasto Ducale in onore della duchessa Maria Luigia, vedova di Napoleone. Pietro mi raccontò che aveva venduto la Barilla agli americani, ma che si annoiava molto. «E poi li vedo fare tanti errori. Ma sai cosa sto facendo? La sto ricomprando».

E così fece, e la trasformò, inventò l'artigianato industriale, un'idea geniale; parte del successo dell'allora nuova industria del cibo italiano in campo internazionale si deve a lui.

22.

La cucina ebraica è variegata quanto quella italiana, le differenze dipendono dal benessere delle comunità, dall'origine ashkenazita (Europa centro-orientale) o sefardita (Penisola iberica; da *Sefarad*, "Spagna" in ebraico: che bella parola, Sefarad). Assomiglia a volte alla cucina nordafricana o a quella mediorientale, per effetto delle varie diaspore. Ma non nei dolci, ridondanti di canditi e mandorle, cannella e niente sesamo.

Al tempo delle leggi razziali in casa mia non si parlava di ebrei – con l'arrivo dei tedeschi, poi, la semplice parola portava alla morte. Io, piccola, non sapevo neanche cosa volesse dire, perché nessuno era disposto a spiegarmelo.

Mio padre rinunciò a tirarci su nella religione ebraica, ma non nell'etica. La nostra era una famiglia di sacerdoti (Servadio ha Cohen) che si trovava nella Sicilia meridionale già nel IX secolo e che nel Duecento era al servizio di Federico II. Rimase in Sicilia fino alla cacciata dovuta agli spagnoli-aragonesi nel 1492. Ne parlai una volta allo storico Arnaldo Momigliano, amico di Sraffa, credo pensasse che volessi darmi arie araldiche; ti figuri, Pucci e io eravamo cresciute nell'idea che l'ebraismo fosse qualcosa di cui vergognarsi, altro che arie. Per sua fortuna Momigliano non aveva vissuto gli anni della caccia all'uomo e poi la "purezza della razza". E non si tratta, ahimè – nonostante il tema di questo libro –, del pesce con le alette, stupendo con i capperi e il burro nero...

Le feste ebraiche, le prescrizioni di carattere alimentare, facevano parte dell'etica, più che della religione, dunque su quello avrei dovuto essere preparata. Ciononostante, quando Ernst Gombrich e sua moglie Elsie vennero a cena, offrii come primo capesante nella loro conchiglia con besciamella, ma tanto il grande storico dell'arte che sua moglie, pianista bravissima, le rifiutarono. Crostacei e besciamella a base di latte. Aiuto! Proibitissimi! Vai a fidarti di una Servadio.

Capesante alla besciamella gratinate
Pulire il mollusco e tagliarlo a fettine. A parte fare la besciamella (latte, burro, farina, formaggio, noce moscata) con la quale coprire la conchiglia imburrata. Cospargere di pangrattato. Griglia calda per dieci minuti.

Gombrich era meraviglioso, amico di Henri Cartier-Bresson e di Rudolf Serkin, e aveva scritto una storia dell'arte illuminante, facile e divertente. In un'intervista gli chiesi: «Che cos'è la storia dell'arte?»

Ci pensò a lungo, poi «È Storia» rispose.

Una risposta ben più profonda di quanto potrebbe sembrare.

Poco, anzi niente, sapevo delle leggi che regolavano la tavola ebraica, messe per iscritto da un certo Joseph Caro da Toledo nel 1488. Venivano seguite più dagli ashkenaziti che dai sefarditi. Joseph Caro mise nero su bianco cosa è *kasher* e cosa no, ovvero, cosa è *teref*. Sono *teref* il maiale, il coniglio, il cavallo e la cacciagione; tra i pesci, sono proibiti i miei favoriti: la razza, il San Pietro, l'anguilla, e i crostacei tutti, i molluschi, i ricci, le seppie, il polpo – e anche le lumache e le rane. Le prescrizioni di carattere alimentare erano dettate innanzitutto dal clima: è ovvio che il maiale con il verme solitario è un pericolo nel deserto, ma non nel Labrador o in Siberia; lo stesso dicasi per i crostacei, che vanno a male molto velocemente, e per il cibo mischiato al latte, che col caldo tende a guastarsi.

Dopo la guerra, gli ebrei avevano fretta di essere italiani e di essere accettati. Il Risorgimento li aveva visti combattere in prima fila, e questa era una delle molte ragioni per le quali la Chiesa ce l'aveva con i *giudei*.

Voi direte, e che c'entra tutto questo con la cucina? C'entra nel senso che le tradizioni culinarie ebraiche andarono confondendosi con quelle regionali, che l'ebreo italiano, tolte le feste religiose e lo Shabbat, non era entusiasta di sottolineare le diversità, anzi. Meno che a Roma, città papale dove l'esigua e antichissima popolazione ebraica venne tenuta sotto il tacco del Sacro Soglio – difatti, è una cucina povera. Gli industriali ebrei uscirono dal Piemonte e dalla Lombardia, dalle regioni libere dal dominio della Chiesa, non da Roma.

L'olio d'oliva, il limone, la melagrana, l'agnello e l'azimo sono protagonisti della tavola nella festa del Rosh haShanah ("capo dell'anno"). Il pane non è così importante, specie nella cucina sefardita, l'azimo non è un sostituto del pane. A me piace moltissimo con il formaggio di capra, ma questo non c'entra niente.

La maionese all'aglio, che i marsigliesi chiamano *aïoli*, viene dal mondo sefardita.

Maionese all'aglio

Fate una bella maionese densa, alla quale aggiungerete quattro spicchi d'aglio, schiacciati con l'apposito arnese. Tutto qui.

Squisita, solare.

Da servirsi anche con patate bollite, pomodori a spicchi, carote crude e cotte.

Le lenticchie

Le lenticchie fanno la loro comparsa nella Bibbia, ma anche prima, nei testi mesopotamici, deliziano molti palati. Io le cucino con l'alloro, che per Adamo ed Eva era l'albero della vita (niente mela), e le condisco con olio di prima spremitura.

Nell'antica Mogador – porto marocchino fondato dai Fenici e poi città ebraica, oggi Essaouira, con un cimitero bianco e una piccolissima sinagoga –, durante la festa del Sukkot si usava l'olio d'argan come condimento. A Essaouira oggi si può morire d'ingordigia con l'arrivo delle navi stracolme di sardine vive, fritte nell'olio bollente e mangiate subito. Anche aragoste vive e pesci magnifici. Pieno di pescherecci, il porto brulica di pescatori intenti a pulire, scartare, preparare, secondo gesti precisi che richiamano quelli dei loro antenati fenici. Tucidide descrive con grande ammirazione le navi fenicie.

Bisogna entrare dentro il porto e non fermarsi ai banchi fuori dai cancelli, che vendono ai turisti pesce caro e non sempre fresco.

Per Yom Kippur si mangia prima del tramonto, poco e semplicemente. Il brodo di pollo, considerato la medicina numero uno in tutte le case ebraiche, è di prammatica.

Brodo di pollo

Una pollastra in acqua fredda, con due cipolle e sedano. Bollire per un paio d'ore. Alla fine, aggiungere una buccia di limone e un limone spremuto. Salare leggermente.

23.

A sentire gli abitanti di Jew Town, antico quartiere della città di Kochi, in Kerala, sono loro i discendenti di quegli ebrei che fuggirono da Gerusalemme distrutta dal re babilonese Nabucodonosor (il Nabucco di Verdi). Parlano *malayalam* ma anche ebraico e, girando l'angolo, si legge su un portone, in inglese: "*Dr Cohen, Solicitor*", oppure "*Prof. Levi, internal medicine*".

In quella zona fioriscono gli antiquari, dove comprai della roba magnifica. Me la feci spedire e, con mia grande sorpresa, arrivò... sette mesi più tardi.

Si definiscono *Bene Israel*, figli di Israele, gli abitanti di Jew Town.

In Kerala hanno un riso dai chicchi molto grandi che servono su una foglia gigante, è buonissimo e sano. Al contrario di quello dell'India settentrionale, il cibo del Kerala è poco grasso. Si beve acqua di cocco, che è sciapa e squisita. Con l'interno del frutto si fanno molte salse; anch'io uso la noce di cocco con il pollo, e anche nelle gelatine.

Durante la Guerra dei Sei Giorni, nel Sinai, mi trovai un giorno a preparare un picnic per un gruppo di soldati israeliani. Si era vicino al mare, faceva caldo, molto – era giugno, dopotutto. Avevo persuaso il mio reticente e difficile ma bravissimo direttore, Giulio De Benedetti, a mandarmi a Tel Aviv per *La Stampa*: ero convinta che sarebbe scoppiata la guerra, lui no. Il giorno dopo il mio arrivo chiusero tutti gli aeroporti. In riva al mare – qualche tamerice e un po' d'ombra – stesi un telo per tovaglia, tagliai pane, formaggio, carne salata in scatola ecc., tutto con lo stesso coltello: un urlo lancinante. I militari non credevano ai loro occhi e io non credevo alla loro rabbia. Furibondi, nonostante la fame buttarono via tutto, anche il coltello. Persino un picnic di guerra doveva essere *kosher*.

Poi si alzò il venticello pomeridiano che portò una zaffata di carne in putrefazione. Umana.

Continuava la guerra sulle alture del Golan: i cannoni siriani erano sopra di noi e avevano gioco facile, per cui l'avanzata israeliana fu faticosa, sanguinosa e lenta; ma quando gli israeliani raggiunsero il Golan (con me dietro), la situazione era ben diversa dalle altre zone di guerra: l'altopiano era abitato dai drusi.

Indipendenti, devoti a un culto segreto (vicino a quello sciita e a quello alauita), i drusi a me sono simpatici; più aperti dei siriani, meno cupi. L'ultima sommossa contro Assad che chiuse la primavera araba, tacitata dalle mitragliatrici, avvenne in quella terra.

I drusi erano felici di essere liberati dagli israeliani, sui siriani me ne dissero di tutti i colori. Indicavano un punto all'orizzonte: «Quella è Damasco. Speriamo che ci arriviate, così ci levate quelli dai piedi».

Ormai, con una giacca militare e un mitra – che poi dovetti restituire –, mi prendevano per una soldatessa dell'esercito israeliano.

Verso il monte Hermon, un paesaggio in parte vulcanico, grigio, e poi campi coltivati già ingialliti dall'estate.

Sul Golan non c'era modo di trovare qualcosa da mangiare e avevo una fame tremenda: era da giorni che non mettevo qualcosa in pancia, solo acqua.

Avevo abbastanza materiale per un articolo e avevo troppa fame per seguire le truppe fino a Damasco, così decisi di lasciare le pericolose alture («più che 'l dolor poté 'l digiuno») e cercai qualcuno che stesse tornando indietro. Erano arrivate varie camionette delle Nazioni Unite, e già allora captai l'ostilità dei caschi blu nei confronti di Israele, anche perché erano perlopiù africani, antisemiti, proarabi, nasseriani.

Sarei tornata in quella zona molti anni dopo, visitando la terra che aveva dato i natali all'imperatore romano Filippo detto l'Arabo.

Infine, trovai un paio di militari che dovevano rientrare assieme a un interprete arabo.

Scendemmo.

Il paesaggio, il lago azzurro, i paesetti di pescatori, le case coloniche... c'era qualcosa di italiano, in Galilea.

«Ragazzi... Anch'io voglio raggiungere Gerusalemme il più presto possibile, ma sto morendo di fame».

«Sarà impossibile trovare qualcosa di aperto» ci avvertì l'interprete, che veniva da quelle parti. «Qui fino a ieri piovevano missili siriani».

Ma c'era un posto che conosceva, dove forse ci avrebbero fatto il piacere di prepararci qualcosa.

Era una casa di campagna in mezzo ai vigneti, bella, ma la prima risposta fu: «Non abbiamo niente, neanche uova». Poi però dissero che avrebbero preparato dell'*hummus*. Io non sapevo nemmeno cosa fosse, ma avrei mangiato una seggiola.

Aspettammo e poi in tavola arrivarono delle *pitte* calde con un *hummus* grondante olio d'oliva verde: non credo di aver mai goduto tanto e mangiato tanto, i miei compagni di viaggio erano quasi inorriditi.

Hummus

Duecento grammi di ceci a bagno tutta la notte, il succo di tre limoni, tre spicchi d'aglio, sale, paprika, tahini.

Bollire i ceci in acqua con un dado, o meglio nel brodo, per almeno un'ora, scolare, tutto dentro a un frullatore assieme al succo di limone e all'aglio. Aggiungere il tahini, l'olio d'oliva e, se necessario, un po' del brodo dei ceci.

Dare una spolverata di paprika, aggiungere un filo d'olio d'oliva extravergine e servire con *pitta* calda.

Non sono più tornata sul lago di Galilea, ma ricordo quel viaggio, quel luogo, quell'*hummus* come un sogno. Il migliore, il più squisito, il perfetto. È rimasto nella mia valigia dei sogni. Se ci avessi pensato, mi sarei messa a camminare sul lago inneggiando all'*hummus*, senza affogare.

24.

Al ghetto di Roma le sinagoghe erano state demolite e trasformate in chiese (via delle Sette Chiese la dice lunga). Rimasero le macellerie, dove si esegue la macellazione rituale: i latticini e la carne sono separati, nella preparazione del cibo e nello stomaco – in certi casi, persino in due diversi *frigidaires*.

Chi aveva scritto sulla cucina ebraica italiana (oltre che sulla cucina italiana) era Claudia Roden, bravissima, colta, intelligente, irachena di Alessandria d'Egitto; ho sempre pensato che gli ebrei più intelligenti vengono dall'Iraq, da Alessandria d'Egitto e da Odessa, anche per una questione di sopravvivenza. Claudia parlava ogni lingua, era timida e discreta e aveva un fratello, il dottor Douek, che conoscevo. Non solo era un bravissimo otorinolaringoiatra, ma era anche amante della musica, amico di Maurizio Pollini e sposato a un'archeologa-egittologa.

Claudia ci aveva invitato a cena, voleva sperimentare un piatto da inserire in un libro di cucina ebraica.

Salmone al pomodoro
Un bel pezzo di salmone selvaggio, un chilo di pomodori da sugo.

Cuocere i pomodori e passarli al setaccio, ripassarli con aglio tagliato piccolo.

Cuocere il salmone a crudo nel sugo di pomodoro, con un coperchio. Farlo bollire per una decina di minuti – il tempo di cottura dipende dalle dimensioni del pesce.

Si rivelò un piatto semplice e squisito.

Capitò che mio figlio Orlando, che aveva allora otto anni, soffrisse di dolori spaventosi all'orecchio: passava notti insonni gridando dal male e io dandogli tisane di camomilla. Dato che conoscevo Ellis Douek e che tutti ne parlavano come di un bravissimo specialista, presi un appuntamento con lui: il responso fu che Orlando aveva un orecchio bloccato dal catarro, bisognava operarlo al più presto, l'infezione poteva attaccare il cervello.

L'operazione andò benissimo e, al capezzale di Orlandino, Ellis Douek e io diventammo amici. Occhiali come fondi di bottiglia, rossiccio, Ellis raccontava storie meravigliose. Una volta aveva operato un ricco iracheno in una lussuosissima clinica privata – erano i tempi di Saddam Hussein. Il paziente lo ringraziò per l'ottimo esito dell'operazione, gli disse che sperava di potergli offrire un viaggio in Iraq: sapeva che sua moglie era un'archeologa, avrebbe potuto visitare le ziggurat e il museo di Baghdad. Il professor Douek rispose che gli sarebbe certamente piaciuto visitare quei luoghi: «Ma, sa, mia moglie e io siamo ebrei».

«Non si preoccupi, dottore. Rispettiamo gli ebrei, ma soprattutto rispettiamo un medico del suo valore».

Viaggio in prima classe.

Il signore iracheno li aspettava all'aeroporto, con automobile e autista.

A metà strada il signore, che chiameremo Adham, dice: «Ah, questo è il nostro miglior ospedale... Anzi, venga su un momento a vedere un paziente, un mio caro amico. Ci terrei, è in cura da un medico che vorrebbe il suo parere. Solo cinque minuti, lasci pure il bagaglio e sua moglie qui in automobile con lo chauffeur».

Entrano direttamente in sala operatoria, un chirurgo si autopresenta, illustra l'operazione che intende fare, il paziente è già sotto anestesia. Grattandosi la testa –presumibilmente con guanti operatori –, il professor Douek spiega al chirurgo che forse si sbaglia, deve fare questo e questo, non quello e quello, non è difficile...

«Ci faccia un piacere: operi lei».

Ellis Douek opera lo sconosciuto paziente.

Salutato e riverito, va in albergo per poi visitare le bellezze del Paese (poche, pare).

Dopo un paio di giorni telefona a Adham chiedendo del paziente. «Vorrei vederlo» dice.

Molte furono le pressioni perché rinunciasse, ma Ellis Douek insiste: è dovere di un chirurgo visitare il paziente dopo l'operazione.

Finalmente la visita è consentita. Ritorna all'ospedale, davanti alla camera del suo paziente ci sono quattro sentinelle armate fino ai denti; all'interno c'è il paziente fasciato, ha anche il volto fasciato – chissà perché –, Douek lo visita, tutto bene, si salutano, non lo rivedrà mai più. Parte con il dubbio che fosse Saddam Hussein e con la convinzione che fosse stata tutta una messinscena: nessun medico iracheno voleva rischiare, meglio mandare uno che tra l'altro era più bravo (benché i medici iracheni siano ottimi).

All'aeroporto, i Douek incontrarono un cardiologo britannico e cominciarono a chiacchierare. La stessa cosa era successa anche a lui.

25.

Con un coraggio da leone acconsentii alla richiesta di una signora di Chelsea, amica di amici, che non aveva aiuto domestico, di preparare una cena di Natale. Non aveva la minima idea di come prepararla. Neanch'io.

Avevo diciannove anni e il mio compito non era facile: decidere il menu, comprare gli ingredienti, cucinarli, servirli, rimettere tutto in ordine e tornarmene a casa.

Di cucinare per quattro ero in grado, ma cucinare per sedici – e per di più la sera di Natale – era diverso; inoltre la cucina dei chelseaisti era piccola e gli ingredienti, nella Londra di allora, quasi introvabili. Avevo detto che di cucina natalizia inglese non sapevo niente, e comunque un tacchino non ci sarebbe stato dentro il loro forno, quindi proposi pasta al ragù e involtini con insalata di patate e arance; al pudding avevano già pensato loro, dato che il *Christmas pudding* in Inghilterra lo preparano da un anno all'altro, è squisito, una cosa medievale.

«Fai quello che vuoi» mi dissero.

Allora – era il 1957 – l'olio d'oliva si trovava solo in farmacia, in certe bottigliette di cui i palermitani avrebbero detto, scuotendo la testa, *mischine*.

Per fortuna bastavano i maccheroni a dare alla tavola un'aria di festa, essendo allora una rarità.

Maccheroni al ragù

Soffritto gigante, pomodoro, carne macinata, origano, noce moscata.

Molto semplice: sul soffritto ambrato, aggiungere la carne (sempre una buona idea grattare la noce moscata sulla carne). Poi l'origano, una bella manciata. I maccheroni, dentro l'acqua bollente salata per quindici-diciassette minuti – agli inglesi piacciono non troppo al dente.

Involtini

Perfetti per far festa. Fettine di vitello o di pollo o di agnello; stenderle, ungerle d'olio, sopra una fettina di bacon, una foglia di alloro (avevo trovato un albero di alloro sulla terrazza della signora), una fettina di *cheddar*. Poi arrotolarli e fermarli con un mega-stecchino, cuocere in padella.

Insalata di patate e arance

Tagliare le arance a fettine molto sottili, aggiungere delle patate bollite e tagliare anche loro finemente. Condire con olio, aglio e molto prezzemolo.

Andò tutto benissimo. Mi invitarono a sedermi con loro, ma in effetti non era possibile cucinare, servire e sedersi a tavola. Dopo cena però bevvi con loro un bicchiere di champagne, che allora non era così comune, e quando mi domandarono i segreti delle meraviglie che avevano mangiato, non riuscivo a spiegare loro quanto fosse semplice preparare cose buone.

Poi, finito di lavare i piatti, la padrona di casa mi chiese un piacere: potevo portare il cane a fare pipì? Mentre suonava mezzanotte e io stavo come una scema aspettando che l'odiato cagnolino facesse pipì accanto al lampione, venni percorsa da un fremito di autocompatimento. I miei erano lontani, probabilmente tutti assieme, beati loro, facevano festa con il panettone (che io amo moltissimo), e io invece... Ma almeno avevo lavorato, mi dissi poi pensandoci meglio, avevo guadagnato e avevo – forse – inventato una buona cena natalizia: una gioia per gli altri, e anche per me.

Ben diversa fu la mia esperienza di cuoca nell'Ahaggar; da Algeri, il mio primo marito, William Mostyn-Owen, e io avevamo preso un aereo per Djanet, città-oasi non lontana dalla Mauritania e dal Mali, centro di una zona dove si trovavano oltre diecimila spettacolari pitture e bassorilievi neolitici. Su un altopiano desertico – bellissimo, ci avevano detto – si andava con la guida, l'acqua, un portatore e l'asino, vettovaglie, sacchi a pelo. Vettovaglie? Ma noi non avevamo niente, e allo spaccio di Djanet riuscimmo a comprare soltanto dei datteri e, in cambio di una bottiglia di whisky, dei formaggini. Prendemmo a nolo sacchi a pelo e borracce per l'acqua. Non c'era un albergo, bensì una specie di ostello.

Dopo tre giorni di salita, il portatore e l'asino ci abbandonarono.

«D'ora in poi l'acqua è preziosa, la borraccia vi deve durare tutto il giorno» ci avvisò la guida, un ometto ossuto che parlava un francese cantato. La mattina mi faceva il turbante che mi proteggeva anche la bocca, perché nel deserto, oltre alla sabbia, ci sono le mosche.

Si partiva all'alba, verso le sei, alle undici e mezzo trovavamo una grotta per ripararci dalla calura e mangiare qualche dattero, la sera la guida preparava un focherello, scaldava l'acqua per il tè. Noi mangiavamo il nostro pane e formaggino e di nuovo datteri, lui aveva di meglio.

I bassorilievi e i graffiti erano straordinari: un elefantino, gruppi di giraffe, a volte si trovavano persino delle tracce di colore; e ancora più straordinario era il Tassili n'Ajjer, un massiccio montuoso di arenaria che in certi punti era rosso come un geranio, mentre in altri diventava nero, con picchi acuminati di una cinquantina di metri, delle Dolomiti impazzite, con centinaia di archi formati dal vento e grotte. Molto vento, sole e incredibile bellezza. E fatica. E fame. La notte, cieli che si potevano toccare; la mattina bisognava stare attenti, perché gli scorpioni amano fare la tana nelle scarpe e, se ci metti il piede dentro senza accorgertene, ciao scorpione, ma anche ciao Gaia.

Dopo una settimana, la bellezza negli occhi, almeno cinque chili in meno, tornammo a Djanet e fummo immediatamente invitati a cena dallo chef Diarà. «Meno male» dissi a mio marito, «stasera si mangia».

La casa del governatore era una villetta con tanto di cucina e camere da letto, direi fosse l'unica a Djanet, e Mustafà, il governatore, era simpaticissimo.

«Mi spiace, mia moglie è in ospedale a Tamanrasset, con i bambini».

«Niente di grave, spero».

«No, è che sta mettendo al mondo un altro bambino, il nostro quinto. Ma non ho cuoca».

«Be', guardi, posso cucinare io» mi offrii.

Era quello che Mustafà sperava di sentirsi dire. Mi aprì un congelatore dove c'era di tutto e mi fece vedere le scatolette, le banane ecc., tutto quel che aveva in casa.

«Quanti siamo?» chiesi.

«Mah, forse sarebbe gentile chiamare Tahir, e Farid, e anche...»

Finì che eravamo in sette, con mio marito e io. Tirai fuori dal congelatore due polli e li misi a bollire con sale e cipolle, così che si scongelassero velocemente. C'era del riso, c'erano spinaci in scatola.

«Posso aiutare? Posso?»

Dissi loro di lasciarmi sola in cucina.

«Voi apparecchiate».

Willy e io, dopo le traversate dell'Ahaggar, avevamo una fame che non vedevamo l'ora di sederci a tavola; nel frattempo erano arrivati Tahir, che si rivelò adorabile e spiritoso, e Farid, più scuro in viso, ma dopo un paio di whisky al settimo cielo.

Pollo in besciamella

Il pollo bollito va disossato e sdraiato su un letto di riso. Versare sul tutto un'abbondante besciamella, fino a coprire.

Besciamella

Una pentolona nella quale sciogliere burro, sale, latte e farina, cuocere il tutto mescolando con un cucchiaio di legno, lentamente.

Riso in bianco

Al forno, all'araba. Il riso affoga dentro il brodo che potrebbe essere fatto con il dado.

Spinaci al burro con besciamella

Sul burro sciolto nella casseruola, versare gli spinaci cotti, salarli, peparli e coprirli di besciamella.

Banane caramellate

Tagliare le banane in due, per lungo. Disporle su un piatto unto d'olio. In un tegame caramellare lo zucchero, finché diventa color ambra scura, un po' amaro, e versarlo sulle banane. Saranno pronte in un minuto.

Dopo cena, stavamo per rientrare quando Mustafà ci disse che il governatorato era semivuoto: invece che all'ostello potevamo dormire in quelle belle camerette con letti e lenzuola.

Era successo che da Algeri si erano mosse le comunicazioni: eravamo ospiti da trattare con i guanti bianchi, avevano detto.

In effetti ero amica di Lakhdar Brahimi, ambasciatore d'Algeria a Londra, che avevo incontrato con l'amato Giancarlo Pajetta. Non solo, Lakhdar Brahimi era anche la persona che aveva dato la cittadinanza a un altro caro amico, il pittore Roberto Matta, dopo che il Cile di Pinochet gli aveva tolto il passaporto (dopo la caduta di Pinochet, a Matta venne rioferta la cittadinanza cilena, ma lui disse che preferiva rimanere cittadino dell'Algeria).

Lakhdar era un cabili – alto, lungo, una gazzella –, intelligente, il più giovane membro del Fronte di Liberazione Nazionale. Divenne anche presidente della Lega araba, ma dopo il nostro incontro. Quando gli avevo detto che desideravo visitare l'Algeria – Paese bellissimo, tra l'altro –, gli confidai anche che non sapevo se fosse facile, perché ero ebrea. «Bene» fece lui, «allora siamo cugini!»

Così rimanemmo al governatorato per diversi giorni e Mustafà ci portò in giro per il Sahara. Una visita interessantissima fu quella a una tribù di Tuareg; il capo era un'anziana che non parlava neanche l'arabo, la società dei Tuareg infatti è matriarcale. Erano tutti vestiti stupendamente di blu e ci stavano aspettando, la cerimonia del tè non finiva mai.

Mustafà conosceva il deserto, ci raccontava un sacco di cose e ci faceva notare ogni dettaglio di quel mondo segreto e speciale. Spaventevole e meraviglioso, è comprensibile come il deserto accolga chi vuole pensare e allontanarsi dal mondo, e persino chi con il mondo è in guerra – mistica.

La moglie di Mustafà non aveva ancora messo al mondo il bambino, e il governatore si era abituato alla cuoca, ma noi dovevamo assolutamente partire. Anche a me dispiaceva lasciare Djanet e quelle situazioni inaspettate e divertenti – chi ama Rossini può ben ravvisare in *L'italiana in Algeri*, magnifica opera buffa, situazioni non dissimili, dove l'italiana in un mondo di uomini ero io.

«E adesso chi cucinerà per me?» si lamentava Mustafà, che anche nell'opera di Rossini si chiama Mustafà.

Dato che l'agnello aveva avuto tale successo, lo portai in cucina e gli insegnai. «Io? Cucinare?» Un insulto. Ma ci riuscì benissimo.

Naturalmente, usciva tutto dal congelatore.

Agnello ai datteri

Mettere la spalla dell'agnello – o la coscia – dentro un foglio d'alluminio o in un contenitore per la *tajine* con aglio e sale, e spalmarlo con una crema di datteri, che si ottiene frullando i datteri dopo averli tenuti a mollo per un po'.

Il tempo di cottura dipende dai gusti, dallo spessore della carne e dal forno. Ma l'agnello dev'essere ben cotto, a meno di aver a che fare con il *gigot* o con un cosciotto gallese.

26.

Avevo preso in affitto una casa ad Aleppo, una bella casa araba con il pozzo in mezzo al cortile, la fontana e il gelsomino, la vite e il *diwan*, tre stanze da letto, uno scantinato, una cucina piccolissima e un gabinetto ancora più piccolo. Vi trascorsi diversi mesi, studiando archeologia e storia delle religioni per il mio libro *I viaggi di Dio*. Qualsiasi ufficiale di igiene l'avrebbe immediatamente dichiarata inagibile. Si trovava ad al-Jdayde, quartiere cinto da mura medievali e chiuso da porte che persino i Mongoli avevano rispettato (ma non l'ISIS, pare), non lontano dal famoso suk millenario dove andavo a fare la spesa e dove mi perdevo, un po' terrorizzata. Nella piazza vicina a casa c'erano dei negozietti; di mercoledì vendevano il pesce dell'Eufrate, carpe gigantesche. In una piccola via elegantissima, ad archi, vendevano polli e uova, e non lontano c'era un sarto (che mi confezionò due belle giacche di seta e pantaloni blu notte).

Una volta, tornando a casa dopo aver fatto la spesa e comprato un paio di bottiglie di whisky e due di ouzo nell'unico negozio armeno, lontano dalla moschea, mi fermai per l'appunto dal sarto per provarmi le giacche. Stanca, posai i vari sacchetti sul pavimento di marmo e... *trac*, sentii che si era rotta una bottiglia.

In men che non si dica la bottega del sarto si riempì di un

profumo proibitissimo. Io ero imbarazzata e non sapevo come scusarmi. Per fortuna arrivarono due ragazze in chador, anche loro per una prova, erano vestite di nero dalla testa ai piedi, si vedevano solo gli occhi. Capirono la situazione e scoppiarono a ridere.

Cominciammo a parlare. Quando si tolsero il chador, vidi due bei visetti giovani coperti di trucco.

«Ma perché vi truccate, se poi vi coprite il viso?» domandai a un certo punto.

«Lo fanno tutte».

«E non avete caldo, con quel coso?» Sudavano, poverette. «Perché mettete il chador, non vi dà fastidio?»

Risposero che era la moda, a loro piaceva, poi finiva che i loro fidanzati, fratelli, padri le avrebbero ammazzate, se fossero uscite di casa vestite come quando erano all'estero.

Ad Aleppo si mangia molto bene, non solo nelle case private ma anche in alcuni ristoranti. La città è nota per la sua cucina, diversa dalla damascena. Per esempio, cucinano l'agnello in salsa di visciole, o anche sotto la brace, impacchettato in modo da non seccarne le carni. Servono, quando è la stagione, i tartufi del deserto, dei tuberi che vengono grigliati con un filo di olio di sesamo.

A proposito dei tartufi del deserto: un anno dopo ero ospite dell'Istituto di cultura italiana a Damasco, che pullulava di spie fastidiose e prepotenti. L'ambasciatore e il direttore sembravano non farci caso.

Mi preparavo a partire per Dura Europos, ero attesa dalla missione dell'École normale. Un tizio della Mukhabarat, alto e quasi obeso, mi tempestava di domande. I servizi segreti siriani sono molti, dominano la politica, persino quella presidenziale (anche la signora Assad ne era vittima), e mentre mi trovavo in Siria erano sotto il dominio di Assef Shawkat, che poi morì in circostanze misteriosissime, e forse nemmeno il giorno della sua morte ufficiale... Comunque, decisi che la cosa migliore era chiedere direttamente al segretario siriano di trovarmi un taxi che venisse a prendermi alla stazione di autobus di Deir el-Zor per portarmi fino a Dura, che dista una quarantina di chilometri.

Invece del taxi, ad aspettarmi c'erano quattro giovani nerovestiti abbastanza spaventosi e inconfondibili. Mi fecero cenno di seguirli in una stanzetta, uno di loro parlava appena un po' d'inglese. Dove stavo andando? A Dura Europos. Quanto a lungo sarei rimasta? Una settimana.

Mi fecero capire a gesti che a Dura Europos non c'erano pensioni o alberghi. Sempre a gesti, risposi che lo sapevo, ma sarei stata ospite della missione archeologica.

Per spiegarmi meglio feci il gesto di scavare con una vanga. Non l'avessi mai fatto. Una tombarola, oltre che una spia... Le cose non stavano andando bene, non ci capivamo; per mia fortuna arrivò la telefonata del capomissione di Dura Europos, che parlava l'arabo: se avessi trovato i tartufi del deserto al mercato, potevo portarne un po'?

«Come si dice tartufo in arabo?» chiesi. «Ti passo il signore con il quale mi trovo».

Dopo una breve conversazione, una volta capito che ero a caccia di tartufi, non di reperti archeologici, l'uomo della Mukhabarat scoppiò a ridere, e con lui i suoi compari.

Mi lasciarono andare, ma il giorno seguente ne vennero altri a controllare: la mia presenza a Dura Europos era sospetta. I tartufi del deserto non li trovai, comunque non sono un granché.

Da Homs – la greca e romana Emesa, patria dell'imperatrice Giulia Domna, moglie di Settimio Severo – presi un minibus. Una piazza di cemento piena zeppa di gente, *buvettes* che vendevano bevande dolcissime dai nomi vagamente associati alle varie Pepsi e Coca-Cole, autobus enormi e altri minuscoli, vecchie corriere e trappolette. I bussini costavano di più, ma erano veloci e diretti; da uno sportello ritagliato in una baracca in latta, un impiegato chiese il mio nome e quello della città di destinazione.

«Tartous... Dov'è il bussino?»

«Non è ancora pronto. Parte quando è pieno».

«E io sono il viaggiatore numero?»

«Uno».

Accidenti, avrei dovuto aspettare altre tredici persone che volevano andare a Tartous. Seduta su una panca, sotto un sole cocente, mi guardavo attorno: la spianata degli autobus era affollatissima, vociferante, si capiva che era una città di commerci. Venditori di sughi pericolosi e coloratissimi si mescolavano alle valigie, ai pacchi, alle grida. E nel bel mezzo di questo vivacissimo coro, colsi la parola magica – Tartous – ben prima di quanto mi aspettassi.

Finalmente partimmo. Durante il tragitto ci fermammo al castello degli Assassini (*assassin* pare venga dall'hashish che quei guerrieri ingerivano o fumavano prima di assassinare un po' di gente), gli ismailiti, che difatti l'Aga Khan stava facendo restaurare, per poi continuare fino a Tartous.

Tartous è l'antica Tortosa dei crociati, città d'origine fenicia, il secondo porto della Siria.

Fu una vera sorpresa, quando ci lasciammo alle spalle le montagne aride e minacciose dell'interno e ci ritrovammo in una cittadina del Mediterraneo. Poteva essere Calvi in Corsica, o Le Lavandou in Provenza, o Castellammare del Golfo in Sicilia: anche la gente si muoveva come si muove la famiglia del Mediterraneo. Con una variante: i pescatori seduti in riva al mare tenevano un cormorano al laccio e lo lanciavano in aria, l'uccello dava un'occhiata, si buttava tra le onde e, quando tornava con un bel pesciotto nel becco, il pescatore tirava il laccio e si prendeva il pesce.

Quella sera cenai in un ristorantino, tavolini all'aperto, trigliette fritte fresche, mancava il vino ghiacciato per sentirsi totalmente a casa, per tutto il resto eravamo in pieno *Mare Nostrum*.

La triglia è una festa, bella da vedersi, buonissima da mangiare, in effetti la triglia è il Mediterraneo. La si prepara alla griglia, al forno, fritta o alla livornese, con il pomodoro.

Triglia di casa

Importantissimo squamarla, specie se grandetta. Se piccola e destinata alla frittura, non c'è bisogno di togliere le interiora. Infarinare, dentro all'olio d'oliva bollente. A cottura (brevissima) completata, spolverare con un trito di prezzemolo, alloro, aglio e cipolla.

Un tocco alla trapanese

Riempire la pancia della trigliotta (dev'essere un po' grande) con mollica di pane inzuppata d'olio, sale e menta tritata con aglio.

27.

Mi innamorai di una casa in Umbria, la stavo cercando da tanto tempo e, quando la vidi, era quella.

Le case sono come gli uomini, ti innamori sempre di quella sbagliata. Non era la casa che avrei dovuto volere: troppo grande, troppa terra, e il proprietario non solo non voleva vendermela, ma era anche chiacchieratissimo. Però mi innamorai, punto e basta. Le case sono davvero come gli uomini, ci si innamora persino dei difetti.

Era una delle molte case che avevo desiderato, con gli occhi e il desiderio ne avevo accumulate a decine: una vicino a Conques, in Occitania, un mulino enorme, meraviglioso, impossibile, meno male che ci pensai due volte; un'altra nel Luberon, persa tra i campi di lavanda; un'altra ancora a Ortigia, sul mare... Ma quella da comprare doveva essere in Italia, in Umbria, vicino a mia sorella. Purtroppo, se una volta la proprietà significava ricchezza, adesso è l'opposto: tra tasse e manutenzione, le seconde case sono una tragedia. Ma i libri, la cucina, le pentole, i quadretti ecc., be', quando si sta in casa propria anziché in albergo è tutto diverso.

In Umbria si mangia bene, anche se senza la varietà del Lazio o l'eleganza della Toscana. Inoltre, gli umbri usano poco gli aromi e non hanno il gusto per la qualità, perché per secoli la loro è stata una regione molto povera. Fanno dei buoni crostini al tartufo e ai fegatini, e i piccioni allo spiedo con l'olio d'oliva. Ma hanno aperto dei ristoranti che secondo me hanno poco a che fare con la tradizione regionale e usano troppe pappe e pappette.

Costellai la terra attorno a casa di piante di verbena, rosmarino, basilico, timo (che cresce anche selvatico nella macchia), salvia, dragoncello. Piantai dei cipressi spartivento per proteggere gli ulivi.

La casa era circondata da una ricca tartufaia. Il tartufo della zona è lo scorzone, nero e non profumato come quello della Val Nerina o di Fabbro, o come quello bianco. Questo non vuol dire che i boschi intorno alla casa non siano frequentati da massicce quantità di cercatori di tartufi – alcuni con cani, altri, ahimè, con la zappa. Quelli che usano la zappa rovinano la tartufaia, ma è impossibile difendersi.

Veniva in Umbria mio figlio Orlando con sua moglie Fiammetta e la piccola Melisande che, anni quattro, allacciato un grembiulino attorno alla vita, in piedi su una sedia vicino ai fornelli, divenne il mio *sous-chef*. Bravissima nei *potages* (la sua prima lingua è il francese) e anche nelle salse, dopo qualche anno Melisande mi annunciò che ero diventata la sua *sous-chef* e che lo chef era lei.

Andavamo a prendere le uova dalle sei gallinelle che tenevo nel pollaio e a raccogliere gli aromi, lei li conosceva benissimo.

Uova strapazzate con dragoncello
Il nome scientifico di quest'erba, che in francese si chiama *estragon* e in inglese *tarragon*, è *Artemisia dracunculus*. Fa passare il mal di denti e l'indigestione, è benefica contro l'artrosi. A parte questo, per me ha un sapore delizioso, che si accompagna benissimo alle uova, al pollo e al pesce bianco.

Quattro uova, un cucchiaino di farina, sale, pepe nero e dragoncello tagliato piccolo (ma anche foglie lunghe). Piselli e pancetta o bacon.

Minestra di tartufo

Fare un purè di patate con latte e burro. Aggiungere brodo di pollo, salvia tagliata fina e tartufi ben puliti e grattati come fossero parmigiano. I tartufi non devono cuocere.

Salsa per le tagliatelle al tartufo

La mia *sous-chef*... scusate, lo chef e io compriamo la ricotta dai pastori sardi vicino a Montecastrilli. Soffritto, buttarci sopra le tagliatelle già cotte (o gli gnocchi, casarecci, non del mio *sous-chef* ma del negozio di Avigliano), mescolare la ricotta a freddo e coprirla di tartufo nero grattato. Anche qui la salvia a crudo ci sta bene, tritata.

Mozzarella in carrozza al tartufo

Ad Amelia c'è la signora De Vito, un viso da ritratto romano di Ercolano, che con il marito pugliese e le due figlie fa la mozzarella più buona del circondario. La mozzarella è squisita se freschissima; mai metterla nel congelatore. Il giorno dopo, meglio farla in carrozza.

Formare dei piccoli (o grandi) sandwich di pane in cassetta ripieni di mozzarella, panarli con farina, uova sbattute e mollica di pane. Friggerli nell'olio bollente per un paio di minuti. Spolverarli di tartufo (tanto). Non so se il mio chef sia d'accordo, ma a me piace aggiungere anche qualche foglia di salvia e un'ombra d'aglio.

Nella loro adorabile prepotenza, i bambini diventano dei piccoli, stupendi dittatori. Melisande, con il suo grembiulino e il cucchiaio di legno in mano, seria seria, che assaggia la *soupe* e si autocongratula, che mi rimprovera perché ho dimenticato il coperchio o l'acqua che bolle, rimarrà tra i ricordi più belli della mia vita.

E la sua fierezza nel presentare la minestra di verdura.

«*Nona*, preferisci fagioli o piselli?»

Melisande adora il pesce, lo guardiamo nei mercati e a volte nel mare. Le dispiace mangiarlo perché le è simpatico.

Un anno, in ottobre, raccogliemmo le olive a Catigliano tutti assieme, Melisande, il piccolo Amedeo (tre anni, a quel tempo) e tre adulti – un'ottantina di alberi, una buona annata. Amedeo staccava un'oliva alla volta: «Ecco, un'altra», e la metteva nel cestino.

Portammo tutto al frantoio che avevamo prenotato, a pochi chilometri da casa. Era gestito da donna Ira, un marito mogio e un figlio celibe e arrabbiato che non ne voleva sapere di olio, di campagna, di frantoi, che voleva andare a vivere in città. I bambini erano entusiasti delle olive che si trasformavano in olio liquido, tanto. Alla fine, erano un centinaio di litri, tanto che ero dovuta scappare a comprare altre lattine: non mi aspettavo una tale quantità. L'olio appena spremuto, verde, pungente e profumato è una meraviglia, qualsiasi piatto viene trasformato da una generosa cucchiaiata di olio d'oliva vergine. Purtroppo non tutte le annate sono buone, anzi.

«Melisande» le dissi una volta, «la cosa più buona è la verdura fresca in pinzimonio».

«Cos'è il pinzimonio?» Il suo italiano è ottimo, e anche il suo francese, visto che vive a Parigi e ha una mamma francese.

Non ho la minima idea da dove venga la parola, ma certamente è laziale, se non romana.

Verdura in pinzimonio
Preparare le verdure pulite e tagliate a bastoncini, spicchi, fettine: carote, cetriolini, foglie di insalata, zucchine, gambi di

sedano, ravanelli, finocchi, peperoni, pomodorini. Disporle in un bel piatto, con in mezzo la ciotola del pinzimonio: olio, sale, aglio, limone.

Si può aggiungere un'altra ciotola con l'*aïoli*, comunque se avete dubbi chiedete allo chef Melisande.

Bruschetta

Anche questa è una recente scoperta della Londra fighetta (pronuncia: *brusceta*). Da noi la mangiavano i muratori, a Londra la mangiano nei ristoranti chic. Per la bruschetta il pane sciapo umbro è ideale.

Una volta tostato il pane, strofinarlo con uno spicchio d'aglio, salarlo e cospargerlo di olio fresco. Tagliare dei pomodori freschi a pezzettini, mescolarli con foglie di basilico (o origano), tutto sopra la bruschetta.

Si possono aggiungere un paio di filetti di alici, ma così si uccide il sapore dell'olio fresco.

28.

Forse non dovrei raccontare questa storia in un libro di ricette, ma fa parte della mia valigia.

Anni Settanta. Ero sola a casa, appena arrivata non so da dove, Londra era un altro mondo, tutto chiudeva alle cinque e mezzo, tutto era proibito, ma la città ribolliva di energia e si stavano stabilendo delle effimere fratellanze di classe in nome della voglia di far sentire la propria voce.

All'angolo di casa mia, al Royal Court Theatre, punto di riferimento per l'avanguardia inglese (Pinter, Orton, Osborne, Wesker ecc.), era arrivato il La MaMa Theatre, famoso, ottimo gruppo tra quegli *off off* che tanto piacevano ad Alberto Arbasino e anche a me. Faceva parte del grande risveglio del teatro americano e inglese, testi avventurosi e un miscuglio di talenti internazionali, Dürrenmatt e Max Frisch assieme a Ionesco, Kopit con Osborne, Pinter con Wesker, messi assieme da quello strano personaggio che era Ken Tynan. Fantastico. Ci andai con Jim Haynes, un americano che stava cambiando il festival di Edimburgo, un innovatore che sembrava sempre ubriaco ma non lo era. Spettacolo, attori, regia, tutto bello, ma alla fine tutti si guardarono in faccia: era weekend, i ristoranti chiusi alle nove e mezzo, i negozi anche. Che potevano fare, quei poveri newyorkesi affamati? Con Jim decidemmo, visto che casa mia era dietro l'angolo, che avrei fatto un'enorme spaghettata, qualcosa dovevo pur avere in dispensa. Sarei andata in avanscoperta e lui avrebbe portato gli ospiti dopo una ventina di minuti. Con una trentina di persone me la sarei cavata.

Arrivo di corsa: acqua, bollore, sale, quattro chili di spaghetti sì, ci sono, scatole di pelati, sì, bene, persino della carne macinata da scongelare, faccio il ragù. Dov'è l'olio? Oddio, dove l'ha messo la mia buona donna a ore? Io lo metto in quella bottiglia, non trovo la bottiglia, vedo un'altra bottiglia in lavanderia, sembra olio. Giù nella pentola, soffritto, carne, pelati, un buon ragù, un'immensa spaghettata, la assaggio: sapore un po' amarognolo, aggiungo una cucchiaiata di zucchero, oddio, che c'era in quella bottiglia? La prendo, la rigiro da tutte le parti, certo non olio d'oliva. Del resto, che fare? Non ho altro in casa e questi stanno per arrivare, che altro potrei dargli da mangiare? Metto dei piatti a tavola, forchette, vino, bicchieri, gli spaghetti sono al dente, arriva la compagnia, tutti entusiasti del successo ottenuto, simpaticissimi, adorano la casa, bevono come spugne, affamatissimi, mangiano come leoni.

«*How come you're not eating?*»

Mi sforzo e metto un paio di forchettate in bocca: pessime. Eppure, nessuno dice niente.

Alla fine tutti contenti, saluti. «Dobbiamo prendere l'ultimo treno della metropolitana...» e via.

Anche Jim tutto felice. «Squisiti, quegli spaghetti».

Il giorno dopo, quando arriva la donna a ore, le chiedo cosa aveva messo dentro quella bottiglia.

«Il lucido da scarpe» mi risponde.

«Il lucido da scarpe?» La guardo allibita, forse li avevo avvelenati, forse avevo sterminato la famosa compagnia La MaMa Theatre. Cerco il numero dell'albergo, telefono.

«Stanno tutti dormendo» risponde il portiere.

«Stanno bene?»

«Non lo so, non ho ancora visto nessuno».

«Può dire per favore di chiamarmi, al primo che scende?»

Passa un'ora, nessuno mi chiama. Ritelefono, uno di loro si è svegliato.

«Come stai?»

«Bene».

«E gli altri?»

«Non lo so... Ma grazie, grazie, sono sicuro che anche gli altri vorranno ringraziarti, ti telefoneranno quando si svegliano».

Pensava che avessi chiamato per sollecitare un ringraziamento... Quando fui certa che nessuno di loro era stato male, ringraziai il Cielo ma raccomandai alla mia domestica di non mettere mai più il lucido da scarpe in una bottiglia senza etichetta.

29.

La prima volta che andai in Iran, regnava lo scià Reza Pahlavi
– ministri tutti parenti, facciate che nascondevano il nulla: un
mondo fascista. Chiesi un'intervista con lui, me ne concessero
una con l'imperatrice Farah Diba, una donna bella, colta e
frustrata – ma allora non lo sapevo, lo capii dopo.

In una serie di articoli (che uscivano mentre ero ancora
in Iran) scrissi malissimo del regime, e anche dei regali che
venivano offerti a tutti i giornalisti perché parlassero bene di
quel mondo corrotto e cieco.

Tornata a Londra, ero diventata, senza saperlo, la pin-up
degli studenti iraniani.

Nei ristoranti iraniani, a Teheran, si mangiava malissimo,
come in tutti i Paesi in cui non è diffusa l'abitudine di mangiare fuori, con buona pace di chi sosteneva che la cucina
iraniana era tra le più sofisticate al mondo. Ma, per uno
degli articoli che dedicai al caviale (il mar Caspio e i vivai
di storione erano bellissimi), mi fecero assaggiare persino il
caviale bianco, riservato allo scià.

Andò meglio con la mia seconda visita, nel 2005. A parte
la storia persiana preislamica, mi interessava specialmente la
religione, perché gli scià hanno ereditato molto dalle antiche
religioni e in Iran ci sono ancora tanti zoroastriani.

In alberghi tipo Hilton si mangiava ottima verdura, yogurt, pollo a non finire, frutta magnifica: monotono e sano. Naturalmente niente alcol, roba che ti tagliavano una mano se ti sorprendevano con un bicchiere di whisky, anche se poi lo bevevano quasi tutti – di nascosto. Al ristorante, le donne dovevano avere la testa coperta. Se nonostante le mollette ti scivolava il velo sulle spalle, venivi segnalata e rischiavi di trovarti nei guai. Ma c'erano alberghini e ristorantini *bijou* (scusate la parola, ma così li chiamano) a Yazd, nel cuore del Paese, dove si mangiava molto meglio.

La melanzana ripiena è ottima, lo *shish kebab* raccomandabile.

La cucina iraniana usa molto la melagrana, specie con il riso, il pollo e l'agnello. Ma anche con le verdure.

Melanzane con salsa di melagrana

Un piatto facile da farsi e bello da vedersi. Succo di melagrana, noci, melanzane e cardamomo. Melanzane già cotte, tagliate a cubetti, con cipolla, noci e cardamomo. A freddo aggiungere il succo e i chicchi di melagrana.

E per rimanere in tema di melanzane:

Dolmeh Bademjan (melanzane ripiene)

Questa è un'interpretazione gaiesca: mettere le melanzane al forno (o al microonde); quando sono un po' morbide, prenderle, tagliarle in due, svuotarle senza rompere la buccia; farcirle con mozzarella, capperi, uva passa, mandorle e acciughe. Al forno con abbondante olio per venti minuti.

Quando scesi dall'autobus, eravamo circondati da montagne color zafferano dalle forme eccentriche, che a volte si riflettevano su un lago salato, bianco – un panorama straordinario.

«Dove sono gli Zagros?» chiesi alla nostra guida, persona

colta e seria. Avevo letto così tanto sui monti Zagros che ormai facevano parte di un mio Parnaso.

«Davanti a lei».

Dato che si è su un altopiano, non ci si accorge che le montagne svettano fino ai tremila metri.

A Kashan, centro dell'Iran, ci fermammo davanti a una moschea piccola e antichissima, costruita attorno a un cipresso – l'albero che era Dio nell'antichità, e anche tempio.

Quella moschea era ancora meta di pellegrinaggi.

Soprattutto, mi informò un guardiano, perché oltre la sala da preghiera si trovava la fotografia di Maometto giovane.

«Una fotografia?» chiesi cercando di nascondere la mia ilarità; non mi risultava che esistessero macchine fotografiche, nel VII secolo.

Andammo a vedere.

Una piccola folla di fedeli rimirava la grande fotografia di un bel giovanotto, anni venti, una specie di Rodolfo Valentino.

«È la fotografia del ritratto» venni informata.

«Posso fotografarla?» chiesi.

«Certo, il ritratto è stato fatto prima che diventasse il Profeta» specificò il cicerone locale. «È una riproduzione».

«Ah...» dissi. «E dove si trova l'originale?»

«A Roma».

Roma, la Città apostolica, la Città santa. Sempre più interessante.

«E dove, esattamente?» feci io, rompiscatole.

«Al museo». Punto e basta.

Inutile insistere: avrei potuto passare il resto della mia vita nei mille musei romani cercando la foto di Maometto – i romani, non a torto, mi avrebbero preso per matta.

Prima di lasciare l'Iran voglio raccontare di come le legioni romane, alla vista dei Parti con stendardi di seta, furono quasi accecati dallo sfavillio. Quei tessuti al vento brillavano, racconta Plutarco. E dato che la dieta iraniana è sana e composta principalmente da frutta e verdura fresca, i Parti erano anche belli. La letteratura latina non manca di descriverli, affascinata, e descrive anche i Sassanidi.

Giulio Cesare dovette subire il racconto di come Crasso, suo nemico e pessimo generale ma l'uomo più ricco del mondo, venne fatto prigioniero da Surena, un generale bellissimo, e forzato a bere oro fuso (53 a.C.). Morte ideata dal generale Surena, che Plinio ammirava. (O almeno così narra il mito.)

Dal cranio di Crasso, Surena ricavò una coppa d'oro nella quale consumò il suo pasto serale: sempre alla gastronomia torniamo.

Conclusione

Viaggiare, mettere il naso nell'esperienza altrui, è un arricchimento. Capire altre culture anche da un punto di vista gastronomico è stato per me un modo di studiare giocoso, divertente alleato della mia curiosità. La cucina, come la musica, è una forma di cultura: è il frutto dell'esperienza, e l'esperienza è cultura. Non è detto che tutti la debbano pensare così, per esempio c'è a chi Beethoven non piace, ma io credo che anche nella musica ci sia lo scegliere, l'assorbire, l'assaporare, e l'esperienza individuale arricchisce. È ovvio che una sinfonia di Mozart è frutto dell'esperienza e del genio, di una passione, di studio e intelligenza, al contrario di certa roba che vorrebbe cancellare tutto quello che è venuto *prima*.

Anche i pittori si sono beati della bellezza del cibo – lo dimostrano il cestino di fichi a Oplontis nella pittura romana, le ghirlande di frutta di Mantegna, le infinite nature morte fiamminghe. Pontormo elencava quello che mangiava per poi pesare quello che *rifaceva*, era un maniaco del cibo. Venendo poi alla letteratura, i cosciotti alla brace di Omero profumano le pagine. E alle api e al miele sia Tolstoj sia Virgilio dedicano lunghi pensieri, mentre la trota di Schubert (*Die Forelle*) – e torniamo così alla musica – sguazza nel torrente pronta a saltare nel tegame. Gli dèi si sono dati da fare per creare gli alberi, e quindi il cibo: «E tu dell'ulivo inventrice, Minerva» (*oleaeque Minerva inventrix*, nelle *Georgiche*). Se lo dice Virgilio...

È Braudel, poi, a osservare che l'oliva non solo è cibo, ma anche luce: per secoli l'olio illuminò intere aree geografiche del Mediterraneo regalando ore e ore di cultura, di possibilità di fare, studiare, inventare, alle genti del *Mare Nostrum*...

Mai pesante questa mia valigia, anche se, assieme alla gastronomia, ci porto la musica. Quante salse hanno colpito a morte i miei cd, e prima ancora i dischi. Quando saltavano delle note ne *La forza del destino*, mio figlio Owen sentenziava: «Questo è lo spaghetto al pomodoro». Mentre i danni al duetto Elisabetta/Don Carlos erano dovuti al polpettone, secondo Orlando, e il salto di una ventina di note in *Madamina, il catalogo è questo* di Leporello era colpa di una braciolina al rosmarino... Vanno assieme, queste conquiste umane che tanta gioia ci danno, e se con questa cucina che ha viaggiato dentro la mia valigia sono stata capace di accendere in voi delle idee, delle risate, dei pensieri, è per me un gran piacere.

Parte integrante dell'esperienza umana, l'arte dello scegliere gli ingredienti e cucinarli è una conquista della cultura. È compresa in una stratificazione della conoscenza che ci porta a capire di più, a liberarci dagli assilli quotidiani – meglio preoccuparci del soffritto che dell'affitto – e a dedicarci, attraverso la cucina, agli altri. In fondo, che sia su un piano di cottura di acciaio scintillante o su un piccolo fuoco improvvisato, è anche per gli altri che cuciniamo, e questo ci aiuta a essere più felici.

Indice delle ricette

Indice

Stampato per conto di Neri Pozza Editore
da Grafica Veneta, Trebaseleghe (Padova),
nel mese di marzo del 2022
Printed in Italy

Questo libro è stampato col sole

Fabbricato da Grafica Veneta S.p.A. con un processo di stampa e rilegatura
certificato 100% carbon neutral in accordo con PAS 2060 BSI